Shen Fu
Sechs Aufzeichnungen
über ein unstetes
Leben

浮生六记

俞平伯书

SHEN FU

Sechs Aufzeichnungen über ein unstetes Leben

Mit 18 Reproduktionen nach Tuschmalereien auf Seide von Teng Shaoquan und Zhang Zhaoji

Verlag
Philipp Reclam jun.
Leipzig 1989

Aus dem Chinesischen
Herausgabe, Übersetzung (einschließlich
des Vorwortes von Feng Qiyong und der Zeittafel
von Yu Pingbo), Nachwort und Anmerkungen
von Rainer Schwarz
Kalligraphie des Haupttitels von Yu Pingbo
und der Inschriften der Illustrationen
von Feng Qiyong

ISBN 3-379-00388-3

Vorwort

Noch wenn ich heute in den *Sechs Aufzeichnungen über ein unstetes Leben* blättere, werden viele Schauplätze des Buches in meiner Erinnerung lebendig. Der Berg Donggaoshan, der in der Aufzeichnung ›Vom Schmerz der Heimsuchungen‹ erwähnt ist, befand sich nur zwei oder drei Kilometer von meinem Elternhaus entfernt, und als Kind habe ich dort gespielt. Zum ›Pavillon der Dunklen Wellen‹ und nach Yangzhou, Jiangyin und Jingjiang war es von meinem Heimatort aus gar nicht weit. Als ich vor einigen Jahren in Yangzhou war, bin ich extra zum Berg Jinguishan gefahren, um Chen Yuns Grab zu suchen, leider vergeblich.

Ich mag das Buch, weil sein Verfasser Shen Sanbai sehr freimütig und aufrichtig schreibt. Der Atem des Lebens und die menschliche Wärme sind unmittelbar zu spüren. Die kühne und sehr freie Denkweise im ersten Kapitel ›Von den Freuden der Ehe‹ traut man kaum einem Werk der Feudalzeit zu. Dabei dürfen wir nicht vergessen, daß Shen Sanbai in dem Jahr geboren wurde, als Cao Xueqin, der Verfasser des *Traums der roten Kammer*, starb, im 28. Jahr Qianlong (1763), vor mehr als zweihundert Jahren also.

Die *Sechs Aufzeichnungen über ein unstetes Leben* sind erst im 13. Jahr Jiaqing (1808) geschrieben worden, und zu dieser Zeit machte die von Cheng Weiyuan und Gao E in Druck gegebene Fassung des *Traums der roten Kammer* schon achtzehn Jahre lang Furore. Und nicht nur das. Da sich der *Aufs neue vermehrte, mit wertenden Anmerkungen wie auch Illustrationen versehene Traum der roten Kammer* aus der Halle Dongguange aus dem 16. Jahr Jiaqing (1811) ›Zweitdruck‹ nennt, muß es zuvor schon einen Erstdruck gegeben haben, so daß man vermuten kann, damals sei auch schon eine annotierte Fassung des *Traums* in Umlauf gewesen. Alles in allem ist es gar keine Frage, daß Shen Sanbai in Stil und Gesinnung von diesem Buch beeinflußt war.

Früher habe ich einmal eine Ausgabe der *Sechs Aufzeich-*

nungen über ein unstetes Leben gesehen, die Yu Pingbo textkritisch bearbeitet und interpunktiert hatte, und ich kann mich erinnern, daß dem Text fotografische Abbildungen von Shen Sanbais Haus in Suzhou und von einem Bild, das er gemalt hatte, vorangestellt waren. Heute sind leider nicht einmal diese Fotos mehr zu finden.

Von jeher habe ich Shen Sanbais *Aufzeichnungen* als eines der schönsten Prosawerke unserer klassischen Literatur empfunden. Deshalb bin ich mit dem deutschen Übersetzer, Rainer Schwarz, bei wiederholten Begegnungen gern einzelne Textstellen durchgegangen und habe mit ihm Ortsnamen und andere Einzelheiten durchgesprochen. Er seinerseits ist mit dem Text so vertraut, daß er mich sogar auf einige Stellen aufmerksam machen konnte, die mir nicht ganz klar waren. Daß auf diese Weise die *Sechs Aufzeichnungen über ein unstetes Leben* nun erstmals den deutschen Lesern zugänglich werden, nachdem Ausgaben in Englisch, Französisch, Italienisch, Tschechisch und Russisch zum Teil schon seit längerem vorliegen, erscheint mir als ein glücklicher Umstand sowohl für ihren Verfasser als auch für den deutschen Leser.

Peking, im April 1988 Feng Qiyong

I
Von den Freuden der Ehe

Ich wurde in der Ära Qianlong, im Winter des zwanzigsten Jahres des Sechzigerzyklus am 22. Tag des 11. Monats geboren. Das war eine Zeit des Friedens und der Wohlfahrt. Überdies kam ich in einer Familie beamteter Gelehrter zur Welt, die in Suzhou neben dem ›Pavillon der Dunklen Wellen‹ wohnte. Darum kann man sagen, daß es der Himmel außerordentlich gut mit mir meinte.

Su Dongpo hat gesagt: ›Die menschlichen Dinge sind wie ein Frühlingstraum, der spurlos vergeht.‹ Ich würde mich wirklich der Gnade des Himmels unwürdig erweisen, wenn ich nicht zu Schreibpinsel und Tusche griffe. Da ich bedenke, daß das Lied ›Guanju‹ am Anfang der Dreihundert Gesänge steht, widme ich der Ehe den ersten Band und komme auf das übrige der Reihe nach zu sprechen. Wessen ich mich schäme, ist, daß ich in jungen Jahren nichts gelernt habe und nicht das mindeste Wissen besitze. So notiere ich nur die tatsächlichen Umstände und Fakten. Wollte man nach stilistischen Regeln darin suchen, hieße das, Glanz von einem schmutzigen Spiegel zu erwarten.

Nachdem ich als Kind mit einer Yu aus Jinsha verlobt gewesen war, die im Alter von acht Jahren starb, habe ich eine Chen geheiratet. Chen hieß mit persönlichem Namen Yun und mit Beinamen Shuzhen. Sie war eine Tochter des Herrn Xinyu, meines Onkels mütterlicherseits. Von Geburt an war sie außergewöhnlich klug. Als sie sprechen lernte, brachte man ihr das *Lied von der Laute* bei, und sie konnte es sofort auswendig. Im Alter von vier Jahren verlor sie den Vater. Ihr Heim, in dem sie mit ihrer Mutter, einer geborenen Jin, und ihrem jüngeren Bruder Kechang zusammen lebte, bestand aus vier kahlen Wänden. Als Yun herangewachsen war, war sie geübt in Handarbeiten, und alle drei lebten von dem, was ihre zehn Finger schufen. Kechang mangelte es nicht einmal an Schulgeld.

Eines Tages stieß Yun in einem Bücherbehälter auf das *Lied von der Laute*, buchstabierte sich durch die Schriftzeichen hindurch und lernte so lesen. In der Freizeit neben dem Sticken lernte sie allmählich, Gedichte zu machen. Unter anderem gab es bei ihr die Zeilen:

Vom Herbst befallen, magern die Schatten ab,
vom Reif gefärbt, werden die Chrysanthemen fett.

Als ich dreizehn Jahre alt war, begleitete ich meine Mutter bei einem Besuch in ihrem Elternhaus. Da wir beide noch klein waren, standen wir außerhalb jeden Verdachts, und ich bekam zu sehen, was sie geschaffen hatte. Ich war zwar begeistert von ihrem erlesenen Talent, befürchtete aber insgeheim, es könnte ihr kein großes Glück beschieden sein. Dennoch war mein Herz so erfüllt von ihr, daß ich nicht von ihr lassen konnte, und ich sagte zu meiner Mutter: »Wenn Ihr eine Frau für mich auswählt, heirate ich keine andere als Schwester Shu.«

Meine Mutter liebte sie ebenfalls für ihre sanfte Art, deshalb zog sie sogleich einen goldenen Ring vom Finger und gab ihn ihr als Verlobungsgeschenk. Das war am 16. Tag des 7. Monats im zweiunddreißigsten Jahr des Sechzigerzyklus in der Ära Qianlong.

Im Winter desselben Jahres heiratete eine ihrer Kusinen, und wieder ging ich mit meiner Mutter zusammen hin. Yun war im selben Jahr geboren wie ich, nur war sie zehn Monate älter. Von klein auf hatten wir uns mit ›ältere Schwester‹ und ›jüngerer Bruder‹ angeredet, deshalb nannte ich sie nach wie vor ›Schwester Shu‹.

An diesem Tag trug alles im Haus prächtige neue Kleider, nur Yun war einfach gekleidet und hatte lediglich ihre Schuhe erneuert. Ich sah, wie kunstvoll die Schuhe bestickt waren, und als ich fragte, erfuhr ich, sie habe sie selbst verfertigt. Da erst wußte ich, daß ihr Talent sich nicht auf den Gebrauch von Schreibpinsel und Tusche beschränkte.

Ihre Gestalt, mit hängenden Schultern und langem Nacken, war mager, ohne daß die Knochen hervortraten. Ihre Brauen waren geschwungen, ihre Augen klar. Jeder Blick daraus war voll Ausdruck. Nur standen zwei ihrer Zähne leicht vor, und das war wohl keine glückverheißende Bildung. Sie hatte eine fesselnde Art an sich, die einem die Sinne schwinden machte.

Ich verlangte ihre Gedichtniederschriften zu sehen, und es waren welche darunter, die nur aus einem Parallelsatz oder aus drei, vier Zeilen bestanden. Die meisten waren unvollendet. Als ich nach dem Grund fragte, erwiderte sie lächelnd: »Es sind Werke, die ohne Lehrer entstanden sind. Ich wünschte mir einen vertrauten Freund, der zum Lehrer taugt und mit dessen Hilfe ich sie fertigstellen könnte.«

Im Scherz schrieb ich ein Etikett dafür, das lautete: *Edle Verse aus dem Seidenbeutel.* Daß damit schon der Grund für ihren vorzeitigen Tod gelegt war, ahnte ich nicht.

Nachdem ich am späten Abend der Braut das Geleit ins Haus des Bräutigams gegeben hatte, war schon die dritte Nachtwache angebrochen. Da ich hungrig war und nach Essen verlangte, brachten die Sklavinnen getrocknete Jujuben, die ich aber nicht mochte, weil sie mir zu süß waren. Yun zupfte mich heimlich am Ärmel, ich folgte ihr in ihr Zimmer und entdeckte, daß sie dort nüchterne Reissuppe und ein paar kleine Gerichte für mich warmgestellt hatte. Aber kaum daß ich vergnügt nach den Eßstäbchen griff, hörte ich plötzlich, wie Yuns Vetter Yuheng rief: »Schwester Shu, komm schnell her!«

Hastig schloß Yun die Tür und sagte: »Ich bin müde und lege mich gerade schlafen.« Aber Yuheng drückte die Tür mit dem Körper wieder auf und kam herein. Als er sah, daß ich eben die Reissuppe essen wollte, lachte er und sagte mit schiefem Blick auf Yun: »Als ich vorhin Reissuppe wollte, hast du gesagt, sie sei alle. Dabei hattest du sie extra hier für deinen Bräutigam versteckt!«

Zutiefst beschämt verbarg sich Yun, während hoch und niedrig schallend darüber lachte. Voll Zorn ging ich mit einem alten Diener früher als die anderen nach Hause.

Nachdem sie wegen der Reissuppe verspottet worden war, hielt Yun sich stets verborgen, wenn ich in ihr Haus kam, aber ich wußte, daß sie es tat, um nicht erneut ausgelacht zu werden.

Am 22. Tag des 1. Monats des siebenunddreißigsten Jahres des Sechzigerzyklus in der Ära Qianlong, am Hochzeitsabend, sah ich, daß ihr Körper noch genauso schmächtig war wie früher. Als ihr das Tuch vom Kopf genommen wurde, blickten wir einander strahlend an. Und als wir nach den Hochzeitsbechern Schulter an Schulter das Nachtmahl einnahmen, umfaßte ich unter dem Tisch heimlich ihr Handgelenk. Es war warm, zart, glatt und geschmeidig. Unversehens begann das Herz in meiner Brust heftig zu pochen. Ich forderte sie auf zu essen, doch sie nahm nur Fastenspeisen zu sich, und das schon seit Jahren. Still für mich rechnete ich nach, wann sie damit begonnen hatte, und es ergab sich, daß es gewesen war, als ich die Pocken gehabt hatte. Darum sagte ich lächelnd zu ihr: »Mein Gesicht ist glatt und makellos, kannst du das Fasten jetzt nicht beenden, Schwester?«

Yun lächelte mit den Augen und nickte mit dem Kopf.

Am 24. heiratete meine ältere Schwester. Da am 23. Staatstrauer war und keine Musik gemacht werden durfte, wurde das Hochzeitsmahl für sie am Abend des 22. gegeben. Yun ging in die Halle hinaus und gesellte sich zu den Gästen, ich aber trank in der Hochzeitskammer mit den Brautjungfern, verlor ständig beim Fingerknobeln und schlief schließlich stockbetrunken ein. Als ich wieder zu mir kam, war Yun eben bei der Morgentoilette und hatte sie noch nicht beendet.

An diesem Tag riß der Strom der Verwandten und Freunde nicht ab. Aber Musik wurde erst gemacht, als die Lampen schon angezündet waren. Am 24. in der Mitternachtsstunde gab ich als Bruder der Braut dieser das Geleit zum Hause des Bräutigams und kehrte erst gegen Ende der vierten Nachtwache zurück. Die Kerzen waren heruntergebrannt, und alles war still. Als ich leise ins Zimmer trat, schlummerte die alte Begleiterin der Braut zu Füßen des Bettes, Yun aber hatte zwar ihren Schmuck abgetan, doch sie lag noch nicht im Bett. Hell brannten hier die silbrigen Kerzen, tief hielt sie ihren puderweißen Nacken gesenkt und las wie gebannt in irgendeinem Buch. Ich berührte sanft ihre Schulter und sagte: »Schwester, du hast es doch schwer gehabt in den letzten Tagen. Warum gibst du dich dennoch so unermüdlich?«

Rasch wandte Yun den Kopf, stand auf und

晓粥被嘲
覓堂題
少泉聯基合作於北京

»Als ich vorhin Reissuppe wollte,
hast du gesagt, sie sei alle. Dabei hattest du sie
extra hier für deinen Bräutigam versteckt!« (Seite 11)

sagte: »Ich wollte mich eben hinlegen, da habe ich im Schrank dieses Buch entdeckt, und beim Lesen ist mir die Müdigkeit unbemerkt verflogen. Der Titel *Westzimmer* war mir gut bekannt, aber ich lese es heute zum ersten Mal. Man nennt es wirklich nicht umsonst das Werk eines Genies, nur ist die Darstellung ziemlich beißend.«

»Nur die Schriften eines Genies können beißend sein«, gab ich lächelnd zurück.

Die Alte mahnte, wir sollten uns zu Bett legen, also befahl ich ihr, die Tür zu schließen und fortzugehen. Dann saßen wir Schulter an Schulter und neckten uns. Mir war so, als hätte ich einen guten Freund wiedergetroffen. Im Scherz legte ich die Hand auf ihre Brust, und auch hier schlug es poch, poch. Also neigte ich den Kopf zu ihrem Ohr und fragte: »Warum schlägt dein Herz so, Schwester?«

Yun wandte den Kopf, um mich anzusehen, und lächelte schwach. Da spürte ich, wie eine Gefühlsaufwallung meine Seele erbeben ließ. Ich legte den Arm um Yuns Schultern, und wir glitten hinter die Bettvorhänge, wo wir nichts davon merkten, daß es im Osten schon wieder hell wurde.

Als Jungverheiratete war Yun zu Anfang sehr schweigsam. Den ganzen Tag über machte sie nie eine böse Miene, und wenn man sie ansprach, lächelte sie nur. Den Oberen diente sie mit Respekt, den Unteren begegnete sie mit Milde, in allem war sie ordentlich und erlaubte sich nicht die geringste Verfehlung. Sobald das Morgenlicht durch das Fenster schimmerte, warf sie die Kleider über und stand hastig auf, als würde sie von jemand zur Eile gerufen.

»Es ist jetzt nicht mehr dasselbe wie damals, als du mir die Reissuppe gegeben hast«, sagte ich lächelnd. »Warum hast du immer noch Angst, es könnte dich jemand verspotten?«

»Damals hatte ich die Reissuppe für dich versteckt, und das brachte mir Spötteleien und Nachrede ein. Heute fürchte ich keinen Spott, ich habe vielmehr Angst, deine Eltern könnten sagen, die junge Frau sei faul«, erwiderte Yun.

Ich wünschte mir zwar, sie würde liegenbleiben, aber ihre Rechtschaffenheit rührte mich, und so stand ich gemeinsam mit ihr früh auf. Von nun an waren wir beide so vertraut, daß wir ›einander mit Ohren und Schläfenhaar berührten‹, und waren so unzertrennlich wie Körper und Schatten. Das Gefühl der Liebe ist mit Worten nicht zu beschreiben.

Doch Freude und Vergnügen gehen schnell vorbei. Im Handumdrehen war ein Monat verflossen. Mein Vater, Herr Jiafu, leistete um diese Zeit Sekretärsdienste in Huiji. Er schickte extra einen Boten, um mich abzuholen, denn ich empfing eine Ausbildung im Hause des Herrn Zhao Shengzhai in Wulin. Herr Zhao war ein geschickter und geduldiger Lehrer. Daß ich heute noch den Schreibpinsel zu führen vermag, habe ich seinen Anstrengungen zu verdanken.

Als ich nach Hause gekommen war, um zu heiraten, war eigentlich verabredet worden, daß ich im Gefolge meines Vaters in Herrn Zhaos Residenz zurückkehre. Nachdem ich jetzt die Nachricht erhalten hatte, war ich sehr niedergeschlagen und hatte die Befürchtung, Yun könnte vor allen Leuten in

Tränen ausbrechen. Yun jedoch beherrschte sich und redete mir noch gut zu. Sie packte meine Sachen, und nur am Abend bemerkte ich, daß ihre Miene nicht ganz so war wie sonst. Beim Abschied sagte sie leise zu mir: »Es ist niemand da, um nach dir zu sehen. Paß auf dich auf!«

Als ich ins Boot stieg und die Taue gelöst wurden, wetteiferten eben die Pfirsich- und die Pflaumenblüten in ihrer Pracht. Ich aber fühlte mich wie ein Waldvogel, der seinen Schwarm verloren hat. Himmel und Erde hatten ihren Glanz eingebüßt. Sobald ich die Residenz von Herrn Zhao erreicht hatte, überquerte mein Vater den Fluß ostwärts.

Ich blieb drei Monate, aber sie erschienen mir wie eine zehnjährige Trennung. Yun schickte mir zwar von Zeit zu Zeit Briefe, aber auf zwei Fragen kam nur eine Antwort, das meiste waren Worte des Zuspruchs und der Rest leere Floskeln. In meinem Herzen war ich sehr mißmutig. Immer, wenn der Wind durch den Bambus auf dem Hof strich und wenn der Mond auf die Bananenblätter vor dem Fenster schien, weckte der Anblick in mir die Erinnerung, und meine Seele verlor sich in Träumen.

Als mein Lehrer dessen gewahr wurde, richtete er sogleich einen Brief an meinen Vater, gab mir zehn Themen auf und schickte mich einstweilen nach Hause. Ich war froh wie ein zum Grenzdienst Verbannter, der begnadigt wird.

Nachdem ich das Boot bestiegen hatte, dehnte sich jede Viertelstunde zu einem Jahr. Als ich zu Hause ankam und bei meiner Mutter gewesen war, um ihr meinen Gruß zu entbieten, ging ich in unser

Zimmer, wo Yun aufstand und mir entgegentrat. Wir faßten uns bei den Händen und sprachen kein einziges Wort, und unser beider Seelen schienen gleichsam in Rauch und Nebel aufzugehen. Meine Ohren begannen zu klingen, und ich wußte nichts mehr davon, daß ich einen Körper besaß.

Es war der sechste Monat, und in den inneren Gemächern wurde man vor Hitze gebraten. Glücklicherweise wohnten wir Wand an Wand mit dem westlichen Raum des ›Heims der Liebe zu den Lotosblumen‹ am ›Pavillon der Dunklen Wellen‹. Auf der Innenseite der Bohlenbrücke war eine Halle mit offener Veranda, die auf den Strom blickte und den Namen trug ›Wie ich es nehme‹, womit auf die Zeilen vom klaren Wasser, mit dem man seine Mützenbänder wäscht, und vom trüben Wasser, mit dem man sich die Füße wäscht, angespielt wurde. Vor der Dachtraufe stand ein einzelner alter Baum, dessen dichter Schatten die Fenster verdunkelte und die Gesichter der Menschen grün färbte. Auf dem gegenüberliegenden Ufer riß der Strom der Spaziergänger nicht ab. Diese Halle war der Ort, an dem mein Vater, Herr Jiafu, hinter herabgelassenen Vorhängen seine Gäste bewirtete. Mit Erlaubnis meiner Mutter verbrachte ich hier mit Yun den Sommer. Der Hitze wegen ließ sie das Sticken sein und war den ganzen Tag über um mich. Wir beurteilen Bücher, sprachen über das Altertum, bewunderten den Mond und schätzten Blumen ein.

Yun vertrug keinen Alkohol, und nur unter Zwang war sie zu drei Bechern zu bewegen, aber ich lehrte sie das Trinkspiel, bei dem man Gegenstände erraten muß. Wie mir scheint, kann es für den Menschen kein größeres Vergnügen geben als jenes, das wir hier erlebten.

Eines Tages fragte Yun: »Welches Buch sollte man als Meisterwerk der klassischen Prosa ansehen?«

»An den *Strategemen der Kämpfenden Staaten* und dem Buch *Zhuangzi* schätzt man die Schärfe des Geistes«, sagte ich. »An Kuang Heng und Liu Xiang schätzt man Edelsinn und Stärke, an Sima Qian und Ban Gu ihr umfangreiches Wissen, an Han Yu seine Ungeziertheit, an Liu Zongyuan seine Schroffheit, an Ouyang Xiu seine Ungezwungenheit und an den drei Su ihre Redegewandtheit. Die übrigen, die man für ihre geistigen Gaben schätzt, wie Jia Yi und Dong Zhongshu mit ihren politischen Abhandlungen, Yu Xin und Xu Ling mit ihrer Zierprosa sowie Lu Zhi mit seinen Throneingaben, kann man nicht alle aufzählen. Sie zu verstehen, ist eine Frage der Einsicht.«

»Das A und O der klassischen Prosa ist die Tiefe ihrer Gedanken und die Kraft ihrer Gesinnung«, erwiderte Yun. »Wenn eine Frau sich damit beschäftigen wollte, würde sie schwerlich etwas erreichen. Ich verstehe nur von der Dichtkunst ein wenig.«

»Unter der Tang-Dynastie wählte man die Talente auf Grund von Gedichten aus«, sagte ich. »Und als die gefeierten Meister der Dichtkunst muß man Li Taibai und Du Fu nennen. Welchen von beiden verehrst du am meisten?«

»Die Gedichte von Du Fu sind rein wie geschmiedetes Eisen, und die von Li Taibai sind natürlich und ungezwungen«, äußerte Yun ihre Meinung. »Ehe ich die Strenge des Du Fu zum Vorbild nehme, eifere ich lieber der Lebendigkeit des Li Taibai nach.«

»Aber Du Fu ist der Vollendete unter den Dichtern, und die meisten Gelehrten verehren ihn«, warf ich ein. »Warum gibst du allein Li Taibai den Vorzug?«

»In Hinsicht auf die strenge Einhaltung der Regeln und auf die Gewandtheit der Wortwahl hat Du Fu wirklich nicht seinesgleichen«, sagte Yun. »Aber die Gedichte von Li Taibai gleichen den Unsterblichen vom Guye-Berg und haben den Reiz von Blüten, die in fließendes Wasser fallen. Das macht sie liebenswert. Nicht daß Du Fu schlechter wäre als Li Taibai, aber nach meinem persönlichen Urteil ist meine Verehrung für Du Fu gering und meine Vorliebe für Li Taibai stark.«

»Das hätte ich nicht gedacht, daß du mit Li Taibai so gut Freund bist«, scherzte ich.

Ebenfalls lächelnd, erwiderte Yun: »Aber mein erster Lehrer war Bai Juyi, und das Gefühl, das er seinerzeit in mir erweckt hat, ist keineswegs vergangen.«

»Was heißt das?« fragte ich.

»War er es nicht, der das *Lied von der Laute* geschrieben hat?« sagte Yun.

»Merkwürdig!« bemerkte ich lächelnd. »Li Taibai ist dein guter Freund, Bai Juyi dein erster Lehrer, und ich, der ich ausgerechnet mit Beinamen Sanbai heiße, bin dein Mann. Was bindet dich so schicksalhaft an das Schriftzeichen *bai*?«

»Sicher gibt es so eine Bindung«, sagte Yun und lächelte gleichfalls. »Ich fürchte, daß ich in Zukunft nichts anderes schreiben werde als lauter Schriftzeichen, die alle *bai* sind.« (Im Wu-Dialekt werden falsch geschriebene Schriftzeichen als *bai* bezeichnet.)

Beide lachten wir laut darüber, dann fuhr ich fort: »Wenn du so mit der Dichtung vertraut bist, weißt du bestimmt auch, was man am *fu*-Stil schätzen und was man davon verwerfen soll.«

»Die Urform des *fu*-Stils findest du in den *Elegien von Chu*, aber meine Kenntnisse sind gering, darum kann ich sie nicht gut verstehen. Unter den Dichtern der Han- und der Jin-Zeit ist nach Stil und Ausdruck für meine Begriffe Sima Xiangru der beste«, sagte Yun.

»Dann ist ihm Zhuo Wenjun damals vielleicht nicht wegen seines Zitherspiels, sondern deswegen gefolgt«, scherzte ich. Und wieder brachen wir beide in Gelächter aus.

Ich war meinem Charakter nach geradeheraus und unkonventionell, Yun aber war von der pedantischen Förmlichkeit eines verknöcherten Konfuzianers. Wenn ich ihr gelegentlich ein Gewand umlegte oder ihre Ärmel in Ordnung brachte, sagte sie unbedingt mehrmals hintereinander: »Um Vergebung!« Und wenn ich ihr ein Tuch oder einen Fächer reichte, stand sie auf, bevor sie es entgegennahm. Zu Anfang störte ich mich daran und fragte: »Willst du mir Fesseln anlegen mit diesen Umgangsformen? Das Sprichwort sagt: ›Hinter einem Zuviel an Förmlichkeit ist Arglist verborgen.‹«

Yun wurde über und über rot und erwiderte: »Warum mußt du Achtung und Form als Arglist bezeichnen?«

»Die Achtung wohnt im Herzen und äußert sich nicht in Förmlichkeiten«, wandte ich ein.

»Niemand steht einem näher als Vater und Mutter«, argumentierte Yun. »Kann man sie vielleicht innerlich verehren, sich äußerlich aber unbändig gegen sie betragen?«

»Meine ersten Worte waren nur Spaß«, lenkte ich ein.

»Oftmals erwächst Unfrieden aus einem Spaß«, fuhr Yun fort. »Tu mir nur später kein Unrecht an, damit ich nicht grollend sterben muß.«

Da zog ich sie an meine Brust und streichelte sie begütigend, bis ihre Miene sich wieder zu einem Lächeln aufklärte. Von nun an wurden ›Zuviel der Ehre!‹ und ›Um Vergebung!‹ zu unseren ständigen Redewendungen.

Dreiundzwanzig Jahre lang begegneten wir einander achtungsvoll wie Liang Hong und Meng Guang, und unsere Gefühle füreinander wurden mit den Jahren nur immer inniger. Wenn wir zu Hause in einem dunklen Zimmer oder einem engen Gang aufeinandertrafen, faßten wir uns jedesmal bei den Händen und fragten: »Wohin gehst du?« Das taten wir so heimlich, als ob wir fürchten müßten, von jemand gesehen zu werden.

Zu Anfang vermieden wir es wohl, vor anderen nebeneinander zu gehen oder zusammen zu sitzen, doch auf die Dauer achteten wir nicht mehr darauf. Wenn Yun mit jemandem zusammen saß und sah mich dazukommen, stand sie regelmäßig auf und rückte extra beiseite. Ich nahm dann dicht neben ihr Platz. Weder ihr noch mir wurde bewußt, warum das so geschah. Anfangs war es uns peinlich, doch in der Folge ergab es sich ganz von selbst. Es wundert mich nur, warum alte Ehepartner einander wie Feinde ansehen, und ich weiß nicht, was das zu bedeuten hat. Mancher sagt: »Wie könnten sie miteinander alt werden, wenn es nicht so wäre!« Stimmt das wirklich?

In der Nacht des 7. Tages des 7. Monats dieses Jahres stellte Yun Weihrauch und Kerzen, Melonen und Früchte auf, und gemeinsam bezeugten wir in der Halle ›Wie ich es nehme‹ der Himmelsenkelin unsere Verehrung. Ich hatte zwei Stempelsiegel mit der Inschrift geschnitten ›Wir wollen Mann und Frau sein in jeder unserer Existenzen‹, von denen ich das mit den roten Schriftzeichen nahm, während Yun das mit den weißen erhielt. Wir wollten sie in unserem Briefwechsel benutzen.

In dieser Nacht war der Mond außerordentlich schön. Wenn man auf das Wasser hinunterblickte, glänzten die Wellen wie weiße Seide. In leichte Gewänder gehüllt und mit kleinen Fächern in den Händen, saßen wir zusammen an einem Fenster, das zum Wasser hinausging. Wenn wir aufschauten, sahen wir, wie fliegende Wolken über den Himmel zogen und dabei tausenderlei Gestalt annahmen.

»Der Weltraum ist so groß und hat nur diesen einen Mond«, sagte Yun. »Ob es wohl heute noch jemand gibt in der Welt, dessen Stimmung so froh ist wie unsere?«

»Daß man die Kühle genießt und sich am Mond erfreut, das gibt es überall«, sagte ich. »Und wenn es darum geht, die farbigen Wolken zu beurteilen, so wird es, wenn man in den Mädchengemächern danach sucht, zweifelsohne viele einsichtige stumme Zeugen dafür geben, aber wenn Mann und Frau gemeinsam den Mond betrachten, werden wohl nicht die farbigen Wolken ihr Gesprächsthema sein.«

Binnen kurzem waren die Kerzen heruntergebrannt, und der Mond ging unter. Da räumten wir die Früchte weg und legten uns schlafen.

Die Vollmondnacht im siebenten Monat wird im Volksmund das ›Fest der Totengeister‹ genannt. Yun hatte eine kleine Weintafel hergerichtet, und wir hatten vor, im Beisein des Mondes nach Herzenslust zu trinken. Doch zur Nacht war es plötzlich vor Wolken so dunkel wie zu Neumond. Mit besorgter Miene sagte Yun: »Wenn es mir beschieden ist, mit dir zusammen alt zu werden, wird der Mond wieder zum Vorschein kommen.« Jetzt war auch ich ernüchtert, und wir schauten nach dem anderen Ufer, wo Glühwürmchen zu Zehntausenden aufflakkerten und verloschen und zwischen den Weiden auf dem Deich und im Knöterich am Strand hin und her webten. Um uns die trübe Stimmung zu vertreiben, begannen wir, gemeinsam Verse aneinanderzureihen. Schon nach dem zweiten Reim wurden wir immer ausgelassener, unsere Gedanken gerieten auf Abwege, und wahllos redeten wir dummes Zeug daher. Schon weinte und sprudelte Yun zu gleicher Zeit und ließ sich dann lachend an

Als Jungverheiratete war
Yun zu Anfang sehr schweigsam. (Seite 15)

meine Brust fallen, unfähig, ein weiteres Wort zu äußern.

Mir stieg der starke Jasmingeruch in die Nase, der von ihren Schläfen ausging, und um sie abzulenken, klopfte ich ihr den Rücken und sagte: »Mir war immer, als hätten die Alten den Jasmin benutzt, um das Schläfenhaar damit zu schmücken, weil seine Knospen nach Form und Farbe wie Perlen aussehen. Daß diese Blüten den Wohlgeruch der geölten Haare und des gepuderten Gesichts aufnehmen und dadurch noch lieblicher duften, hatte ich nicht gewußt. Die Buddhahand-Zitronen, die man aufzustellen pflegt, müssen ihnen ›drei Tagesmärsche Vorsprung lassen‹.«

Jetzt hörte Yun auf zu lachen und sagte: »Die Buddhahand-Zitrone ist der Edelmann unter den Düften, und sie duftet, fast ohne es zu wollen. Der Jasmin aber ist der gemeine Mann unter den Düften, deshalb braucht er fremde Hilfe, und sein Geruch gleicht einer Schmeichelei.«

»Warum hältst du dich fern vom Edlen und näherst dich dem gemeinen Mann?« fragte ich.

»Ich verlache Edles und liebe das Gemeine«, antwortete sie.

Während des Gesprächs war schon die dritte Nachtwache angebrochen. Allmählich fegte der Wind die Wolken beiseite, und der Mond kam hervor. Da waren wir von Herzen froh. Ans Fenster gelehnt, tranken wir einander zu, aber ehe wir den dritten Becher geleert hatten, war plötzlich unterhalb der Brücke ein lautes Plumpsen zu hören, als ob ein Mensch ins Wasser gefallen wäre. Vom Fenster aus schauten wir genau hin, aber die Wellen waren hell wie ein Spiegel, und nichts war zu sehen. Nur eine Ente flog eilig am Flußufer entlang. Ich wußte zwar, daß am ›Pavillon der Dunklen Wellen‹ stets die Geister von Ertrunkenen umgingen, aber um Yun nicht zu erschrecken, wagte ich es nicht zu erwähnen.

»Oh«, sagte Yun. »Wo kam denn dieses Geräusch her?«

Unwillkürlich lief uns ein kalter Schauer über den Rücken. Hastig schlossen wir das Fenster, nahmen unseren Wein und gingen ins Zimmer. Hier war die Flamme der Lampe nicht größer als eine Bohne, und die Gazevorhänge hingen tief herab. Unsere Furcht ließ uns überall Gefahren wittern, und unsere erschreckten Seelen fanden keine Ruhe. Kaum hatte ich die Lampe geschneuzt und wir waren innerhalb der Bettvorhänge, wurde Yun von heftigem Schüttelfrost befallen, und ich folgte ihr darin nach. Zweimal zehn Tage lang lagen wir kraftlos darnieder. Dazu kann man wirklich sagen: Ist die Freude am größten, stellt ein Unglück sich ein. Auch das war ein Vorzeichen dafür, daß wir nicht zusammen alt werden sollten.

Zum Mittelherbstfest war ich einigermaßen wiederhergestellt. Weil Yun jetzt schon ein halbes Jahr meine Frau war, aber noch kein einziges Mal nebenan im ›Pavillon der Dunklen Wellen‹ gewesen war, schickte ich zuerst einen alten Diener dorthin, damit er mit dem Wächter vereinbarte, er möge keine Müßiggänger einlassen. Und als es Abend wurde, ging ich mit Yun und meiner minderjährigen

Schwester hin, wobei sie sich von einer alten und einer jungen Sklavin stützen ließen. Der alte Diener ging voran, um uns zu führen. Wir passierten eine steinerne Brücke, schritten durch das Tor und bogen nach Osten in einen gewundenen Pfad ein. Hier waren Steine zu Bergen aufgetürmt, und die Bäume standen dunkelgrün. Der Pavillon erhebt sich auf dem Gipfel eines Erdhügels. Als wir über die Stufen bis zu seiner Mitte gelangt waren, konnten wir ringsum mehrere *li* weit sehen. In allen vier Himmelsrichtungen stieg der Rauch der Herdfeuer auf, und das Abendrot loderte förmlich.

Die Gegend am anderen Ufer heißt ›der Wald nahe dem Berge‹. Es ist der Platz, wo sich die hohen Beamten zu ihren Gastmählern zu versammeln pflegen. Die Zhengyi-Akademie war damals wohl noch nicht eröffnet.

Wir hatten eine Wolldecke mitgebracht, die wir im Pavillon ausbreiteten, um uns dann im Kreis darauf zu setzen. Der Wächter brühte Tee, den er uns brachte, und bald darauf stand der Mond hell über den Baumwipfeln. Allmählich spürten wir, wie der Wind um unsere Ärmel spielte, und der Mond leuchtete mitten auf den Wellen. Alle profanen Gedanken und weltlichen Erwägungen waren wie weggeblasen.

»Unser heutiger Spaziergang ist sehr fröhlich«, sagte Yun. »Aber würde es nicht noch mehr Spaß machen, wenn wir mit einem kleinen Boot unterhalb des Pavillons hin und her fahren könnten?«

Inzwischen war es soweit, daß die Lampen angezündet wurden, und da wir uns an den Schrecken vom 15. Tag des 7. Monats erinnerten, verließen wir, uns gegenseitig stützend, den Pavillon und kehrten nach Hause zurück.

In Suzhou ist es Brauch, daß an diesem Abend unterschiedslos alle Frauen, reiche und arme, aus ihren Häusern kommen und grüppchenweise spazierengehen. Das nennt man ›durch den Mondschein gehen‹. Doch zum ›Pavillon der Dunklen Wellen‹, wo es ruhig und kultiviert, frisch und geräumig ist, kam kein einziger Mensch.

Meinem Vater, Herrn Jiafu, gefiel es, Adoptivsöhne anzunehmen, und deshalb hatte ich sechsundzwanzig Brüder mit anderen Familiennamen. Auch meine Mutter hatte neun Adoptivtöchter. Von diesen verstanden sich die Zweite Wang und die Sechste Yu am besten mit Yun. Wang war töricht und trank gern, während Yu offenherzig und schwatzhaft war. Jedesmal, wenn sie zusammenkamen, warfen sie mich hinaus, um zu dritt in einem Bett schlafen zu können. Das war die Idee der Sechsten Yu. Deshalb sagte ich lächelnd zu ihr: »Wenn du erst verheiratet bist, werde ich unbedingt deinen Mann einladen und zehn Tage bei mir behalten.«

»Dann komme ich auch her und schlafe mit deiner Frau in einem Bett«, erwiderte Yu. »Wäre das nicht wunderbar?«

Yun und Wang lächelten nur dazu.

Um diese Zeit wurde mein jüngerer Bruder Qitang verheiratet, und wir zogen in die Cangmi-Gasse an der ›Pferdetränke-Brücke‹. Das Haus war zwar hell und geräumig, aber nicht so friedvoll und kultiviert wie das am ›Pavillon der Dunklen Wellen‹. Zum Geburtstag meiner Mutter wurde eine Theatervorstellung gegeben, und anfangs hielt Yun dies für ein wundervolles Schauspiel. Aber mein Vater kannte keine Rücksichten und bestimmte auch solche Szenen zum Spielen wie den *Schmerzlichen Abschied.* Die alten Schauspieler spielten so lebensecht, daß alle Zuschauer gerührt waren. Durch den Vorhang hindurch sah ich, wie Yun plötzlich aufstand und fortging. Als sie auch nach langer Zeit noch nicht wieder herausgekommen war, ging ich hinein und suchte sie. Anschließend folgten auch noch Yu und Wang. Ich fand Yun allein, wie sie, den Kopf in die Hand gestützt, am Spiegelkästchen saß.

»Warum bist du so traurig?« fragte ich.

»Theateraufführungen sieht man sich eigentlich an, um in fröhliche Stimmung zu kommen«, sagte sie. »Aber die heutige Vorstellung zerreißt einem nur das Herz im Leibe.«

Yu und Wang lachten darüber, ich aber sagte: »Das zeigt die Tiefe ihrer Gefühle.«

»Willst du den ganzen Tag hier sitzen bleiben?« erkundigte sich Yu.

»Ich warte, bis es etwas gibt, das ich mir ansehen kann, dann gehe ich wieder hin«, erwiderte Yun.

Als Wang das hörte, ging sie als erste hinaus und bat meine Mutter, solche Szenen auszuwählen wie *Liang wird erstochen* und *Die spätere Suche.* Dann redete sie Yun zu, hinauszugehen und wieder zuzuschauen, und danach erst zeigte Yun sich wieder vergnügt.

Mein Onkel väterlicherseits, Herr Sucun, war jung gestorben und hatte keine männlichen Nachkommen hinterlassen. So hatte mein Vater mich zu seinem Nachfolger bestimmt. Das Grab lag am Rande des Erbbegräbnisses am Berg Fushoushan in Xikuatang. Jedes Jahr im Frühling nahm ich Yun mit, um das Grabopfer darzubringen. Als die Zweite Wang erfuhr, es gebe dort den berühmten Garten ›Geyuan‹, bat sie darum, uns begleiten zu dürfen. Unterwegs entdeckte Yun auf dem Erdboden verschiedenfarbige Steine mit einem moosartigen Muster. Sie machte mich darauf aufmerksam und sagte: »Wenn man daraus Topflandschaften zusammenstellt, wird das noch klassischer aussehen als mit den weißen Steinen aus Xuanzhou.«

»Es wird aber schwer sein, viele von dieser Art zu finden«, wandte ich ein.

»Wenn sie dir wirklich gefallen, werde ich sie für dich sammeln«, bot Wang an. Sie borgte sich vom Grabwächter einen Sack, stolzierte umher wie ein Kranich und sammelte Steine auf. Immer, wenn sie einen hatte und ich sagte »Gut!«, dann steckte sie ihn ein, sagte ich aber »Nein!«, dann warf sie ihn wieder weg. Schon nach kurzer Zeit war ihr gepudertes Gesicht schweißüberströmt. Sie schleppte den Sack zu Yun hinüber und sagte: »Noch mehr zu sammeln geht über meine Kraft.«

Yun suchte sich Steine aus und bemerkte dabei: »Wie ich gehört habe, bedient man sich, um Bergfrüchte zu sammeln, der Hilfe von Affen. Das geht wirklich.«

Empört spreizte Wang alle zehn Finger und

machte Anstalten zu kratzen. Ich fiel ihr in den Arm und tadelte Yun: »Sie strengt sich an, du aber bist müßig, und dann sagst du noch solche Sachen. Da ist es kein Wunder, wenn sie wütend wird.«

Auf dem Rückweg besuchten wir den Garten ›Geyuan‹, wo zartes Grün und anmutiges Rot um die Wette prangten. Wang war von jeher töricht. Wo sie eine Blüte sah, mußte sie sie abbrechen. Yun schalt sie: »Wenn du sie weder in eine Vase gibst noch ins Haar steckst, warum reißt du dann so viel ab?«

»Was schadet das schon? Sie kennen ja keinen Schmerz«, erwiderte Wang darauf.

»Zur Strafe wirst du einmal einen pockennarbigen oder einen bärtigen Mann bekommen, der das Leid der Blüten an dir rächt«, drohte ich lächelnd.

Wang sah mich zornig an, warf die Blumen auf die Erde und stieß sie mit dem Fuß in den Teich. Dann sagte sie: »Warum quält ihr mich so?«

Lächelnd redete Yun ihr zu, bis sie wieder gut war.

Yun war anfangs sehr schweigsam, hörte aber gern zu, wenn ich ihr etwas auseinandersetzte. Ich brachte sie zum Reden, wie man eine Grille mit einem Grashalm lenkt. Allmählich verstand auch sie es, sich mitzuteilen. Jeden Tag goß sie sich Tee in den Reis und aß gern mit Senf gewürzten gegorenen Sojabohnenkäse, der in Suzhou im Volksmund ›stinkender‹ Bohnenkäse heißt. Außerdem aß sie gern Gurken in Garnelenlake. Beides war mir seit jeher äußerst zuwider. Darum sagte ich im Scherz zu ihr: »Der Hund hat keinen Magen und frißt Dreck, weil er nicht weiß, daß der stinkig und schmutzig ist. Und der Mistkäfer dreht Pillen aus Kot und verwandelt sich in eine Zikade, weil er gern hoch hinauswill. Bist du denn ein Hund oder eine Zikade?«

»Sojabohnenkäse ißt man, weil er billig ist und weil man ihn sowohl zu nüchterner Reissuppe als auch zu gekochtem Reis essen kann. Ich bin von klein auf daran gewöhnt«, erwiderte Yun. »Seitdem ich in eurem Hause lebe, habe ich mich gleichsam aus einem Mistkäfer in eine Zikade verwandelt. Wenn ich den Bohnenkäse immer noch gern mag, zeigt das nur, daß ich meine Herkunft nicht vergessen habe. Hinter den Geschmack von eingelegten Gurken bin ich jedoch hier erst gekommen.«

»Dann ist unser Haus also ein Hundeloch?« fragte ich.

Diese Erwiderung brachte Yun in Verlegenheit, doch sie wußte sich zu wehren, indem sie sagte: »Nun, Kot gibt es in jedem Hause. Die Frage ist nur, ob man ihn ißt oder nicht. Du ißt ja auch gern Knoblauch, und ich zwinge mich ebenfalls dazu. Wegen des Bohnenkäses will ich dich nicht drängen, aber die Gurken kannst du mit zugehaltener Nase kosten. Wenn du sie erst im Mund hast, wirst du merken, wie gut sie schmecken. Das ist so wie mit der Wuyan, die häßlich von Angesicht, aber schön an Tugend war.«

»Du willst mich also zum Hund machen?« fragte ich lächelnd.

»Ich bin schon lange ein Hund«, erwiderte Yun. »Ich möchte nur, daß du dich herabläßt, es einmal zu probieren.« Dann steckte sie mir mit den Eßstäbchen gewaltsam ein Stück Gurke in den Mund, ich hielt mir die Nase zu und kaute und merkte nur, daß es knackig und angenehm war. Als ich die Hand von der Nase nahm und weiterkaute, ergab sich ein seltener Wohlgeschmack. Von da an aß auch ich diese Gurken gern.

Yun mischte auch Sesamöl mit etwas Weißzukker in den gewürzten Bohnenkäse, und auch das erwies sich als außerordentlich schmackhaft. Eingelegte Gurken zu zerstampfen und in den gewürzten Bohnenkäse zu mischen, ergab ›Gepökeltes Zweierlei‹, was ebenfalls einen seltenen Wohlgeschmack hatte.

»Ich verstehe nicht, wie man etwas erst hassen und zum Schluß mögen kann«, sagte ich.

»Woran man sein Herz gehängt hat, das verachtet man nicht, auch wenn es häßlich ist«, erwiderte Yun darauf.

Die Frau meines jüngeren Bruders Qitang war eine Enkelin des Herrn Wang Xuzhou. Als sie am Tage vor der Hochzeit gemahnt wurde, sich zu schmücken, stellte sie unerwartet fest, daß sie keinen Perlenkopfschmuck hatte. Da holte Yun ihren Perlenschmuck hervor, den sie als Brautgabe bekommen hatte, und gab ihn meiner Mutter. Den Sklavinnen, die dabeistanden, tat es leid darum, aber Yun sagte: »Jede Frau ist schon eine reine Verkörperung des Elements *yin*, Perlen aber sind die Essenz des reinen *yin*. Wenn man sie als Kopfschmuck verwendet, wird das *yang*-Element vollkommen unterdrückt. Warum also sollte ich sie schätzen?«

Zerlesene Bücher und zerrissene Bilder dagegen hielt sie hoch in Ehren. Unvollständige Bände wurden von ihr gesammelt, nach dem Inhalt sortiert, neu gebunden und zu Kassetten zusammengestellt. Der gemeinsame Name dafür lautete *Bruchstücke und Überreste.* Zerrissene Kalligraphien und Bilder klebte sie mit dem ursprünglichen Papier, das sie dafür suchte, so zusammen, daß sich ein ordentliches Format ergab, und wenn etwas fehlte, ließ sie es durch mich ergänzen und rollte es dann ein. Der Name dafür war *Weggeworfene Reste, gesammelt zum Genuß.*

Mit solchen Kleinigkeiten war Yun beschäftigt, wenn sie sich nicht mit Nadelarbeiten und Essenkochen abgab, und es wurde ihr nie zuviel. Wenn sie in einem zerbrochenen Bambusbehälter oder in einer vermoderten Rolle ein Stück Papier fand, das das Anschauen lohnte, war es, als ob sie eine seltene Kostbarkeit gefunden hätte. Eine langjährige Nachbarin, die alte Feng, sammelte stets alle möglichen Schriftrollen und verkaufte sie ihr.

Yuns Neigungen stimmten mit den meinen überein. Auch konnte sie den Ausdruck meiner Augen deuten und verstand die Sprache meiner Brauen. Jede meiner Bewegungen, jede Veränderung meiner Miene waren für sie ein klar formulierter Satz.

Einmal sagte ich zu ihr: »Schade, daß du eine Frau bist und im verborgenen sitzen mußt! Wenn man Frauen in Männer verwandeln könnte, würden wir zusammen die berühmten Berge und die großen Sehenswürdigkeiten besuchen. Das ganze Land

宽堂
少泉昭基合作於北京

Ich aber fühlte mich wie ein Waldvogel,
der seinen Schwarm verloren hat. (Seite 17)

würden wir durchstreifen. Müßte das nicht ein Vergnügen sein?!«

»Wo liegt da die Schwierigkeit?« fragte Yun. »Warte, bis mein Schläfenhaar grau ist, und wenn wir dann auch nicht in die Ferne zu den Fünf Heiligen Bergen reisen können, können wir doch hier in der Nähe den ›Tigerhügel‹ und den Lingyan-Berg besuchen, nach Süden können wir bis zum Westsee und nach Norden bis Pingshan fahren.«

»Ich fürchte, wenn dein Haar ergraut ist, werden wir nicht mehr gut zu Fuß sein«, wandte ich ein.

»Wenn wir es in dieser Existenz nicht können, warten wir bis zur nächsten!« lautete Yuns Antwort darauf.

»In der nächsten Existenz mußt du ein Mann werden«, sagte ich, »und ich folge dir als deine Frau.«

»Das wäre aber erst interessant, wenn wir unsere jetzige Existenz nicht vergessen würden«, meinte Yun.

»Schon über die Schale Reissuppe in unserer Kindheit haben wir endlos gesprochen«, entgegnete ich lächelnd. »Wenn wir in unserer nächsten Existenz die jetzige nicht vergessen haben, werden wir in der Hochzeitsnacht erst recht kein Auge zutun, weil unser Reden über unser Leben in den verschiedenen Existenzen kein Ende nimmt.«

»Man sagt, ›der alte Mann unterm Mond‹ sei eigens für die Ehefragen der Menschen zuständig«, fuhr Yun fort. »In diesem Leben hat er uns schon als Mann und Frau zusammengeführt, aber auch unsere Ehe im nächsten Leben hängt von seiner göttlichen Kraft ab. Warum wollen wir nicht ein Bild von ihm malen lassen, um ihm Opfer zu bringen?«

Damals gab es einen gewissen Qi Liuti vom Tiaoxi-Bach, der mit persönlichem Namen Zun hieß. Er verstand sich gut auf die Porträtmalerei, und so baten wir ihn, das Bild für uns zu malen. Der Gott hielt in einer Hand die roten Fäden, mit der anderen stützte er sich auf einen Stock, an dem das Verzeichnis der Eheverbindungen hing. Sein Gesicht war knabenhaft frisch, seine Haare schlohweiß. So eilte er durch etwas dahin, was an Rauch oder Nebel erinnerte. Das war die gelungene Komposition von Herrn Qi. Mein Freund Shi Zhuotang schrieb noch einen Lobspruch oben auf das Bild, dann hängten wir es im Innenraum auf, und jedesmal zu Neumond und zu Vollmond brannten wir Weihrauch davor ab und beteten ehrfurchtsvoll.

Später ging uns das Bild bei den vielen Unglücksfällen, die uns trafen, verloren, und ich weiß nicht, in wessen Haus es geraten ist.

Noch eh' man das Orakel über ein anderes
  Leben befragt,
ist dieses Leben zu Ende …

Können die törichten Gefühle zweier Menschen wirklich die Aufmerksamkeit eines Gottes erwekken?

Als wir in die Cangmi-Gasse gezogen waren, gab ich dem Gebäude, in dem wir schliefen, den Namen ›Herberge des duftigen Gastes‹, was von dem Namen Yun ausging und auf den Ausdruck anspielte

›einander so ehrerbietig behandeln wie einen Gast‹. Der Hof war schmal und von hohen Mauern umgeben, man konnte ihn nicht nutzen. Hinten gab es einen Anbau, der zur Bibliothek führte. Hier ging ein Fenster auf den verödeten Garten der Familie Lu hinaus, der einen wüsten und trostlosen Anblick bot. Die Landschaft am ›Pavillon der Dunklen Wellen‹ ging Yun nicht aus dem Sinn.

Es gab eine alte Frau, die östlich der ›Goldmutterbrücke‹ an der Nordseite der Geng-Gasse wohnte. Rings um ihr Haus waren Gemüsegärten, das Tor bestand aus Bambusgeflecht. Vor diesem Tor breitete sich ein Teich von ungefähr einem *mu* Größe aus. Links und rechts des Flechtzauns standen blühende Blumen und schattige Bäume. Das Ganze erhob sich auf den verfallenen Fundamenten der Königsresidenz, die Zhang Shicheng gegen Ende der Yuan-Dynastie hier angelegt hatte. Nur wenige Schritte westlich des Hauses ragte ein Hügel aus Steinen und Ziegeln auf, und wenn man hier hinaufstieg, konnte man weit in die Ferne sehen. Hier war viel Platz, und das reichlich Unkultivierte, das den Reiz des Ortes ausmachte, zog nur wenige an.

Einmal war die Alte zufällig auf ihr Grundstück zu sprechen gekommen, und von da an waren Yuns Gedanken nur noch hier. Deshalb sagte sie zu mir: »Seitdem wir vom ›Pavillon der Dunklen Wellen‹ weggezogen sind, geht meine Seele im Traum ständig dort um. Jetzt bleibt uns nichts anderes übrig, als uns nach etwas Zweitrangigem umzusehen. Wie wäre es da mit dem Heim dieser Alten?«

»Morgen für Morgen verbrennt einen die sommerliche Hitze«, sagte ich. »Ich hatte eben daran gedacht, einen ruhigen, kühlen Ort zu finden, um dort die langen Tage hinzubringen. Wenn du es möchtest, überzeuge ich mich erst einmal davon, ob man in dem Haus wohnen kann, und dann packen wir unsere Sachen und bleiben einen Monat dort. Wie wäre das?«

»Ich fürchte, deine Eltern werden es nicht erlauben«, sagte Yun.

»Ich werde selbst darum bitten«, versprach ich.

Einen Tag später ging ich zu der Alten. Ihr Haus bestand eigentlich nur aus zwei Räumen, die aber quergeteilt und somit zu vieren gemacht waren. Die Fenster waren mit Papier bespannt, die Betten aus Bambus gezimmert. Alles machte einen stillen, friedlichen Eindruck. Als die Alte von unserem Wunsch erfuhr, vermietete sie mir mit Freuden ihr Schlafzimmer. Und nachdem die vier Wände mit weißem Papier beklebt waren, sah der Raum sofort ganz anders aus. Nun ließ ich mir von meiner Mutter die Erlaubnis geben und zog mit Yun dorthin.

Unsere einzigen Nachbarn waren zwei alte Eheleute, die davon lebten, daß sie einen Garten bestellten. Als sie erfuhren, daß wir die heiße Jahreszeit hier verbringen wollten, kamen sie herüber, um uns ihre Aufwartung zu machen. Als Mitbringsel hatten sie uns im Teich Fische gefangen und im Garten Gemüse gepflückt. Das Geld, das ich ihnen dafür geben wollte, lehnten sie ab, darum beschenkten wir sie mit Schuhen, die Yun für sie nähte, und diese nahmen sie mit Dank an.

Es war erst der siebente Monat, die grünen

Bäume gaben reichlich Schatten, der Wind wehte über das Wasser, und der Gesang der Zikaden dröhnte in den Ohren. Der Alte von nebenan machte uns Angelruten, und dann angelten Yun und ich, tief im Schatten der Weiden versteckt. Bei Sonnenuntergang stiegen wir auf den Erdhügel, sahen uns das Abendrot an und reimten Verse. Einer lautete:

> Ein Wolkentier die sinkende Sonne
>   verschlingt,
> der Mondbogen schießt den fallenden Stern.

Wenn sich bald darauf der Mond im Teich widerspiegelte und ringsum die Insekten zirpten, stellten wir uns Bambusliegen an den Flechtzaun. Und wenn dann die Alte meldete, der Wein sei gewärmt und das Essen bereitet, tranken wir einander im Mondschein zu. Nachdem wir leicht berauscht waren, aßen wir, und nach dem Baden saßen oder lagen wir mit Sandalen und Bananenblattfächern da und hörten zu, was der Alte von nebenan über Ursache und Wirkung, Belohnung und Vergeltung erzählte. In der dritten Nachtwache legten wir uns schlafen und fühlten uns dabei am ganzen Körper so frisch, daß uns gar nicht bewußt war, in der Stadt zu sein.

Für die freien Stellen am Zaun ließen wir den Alten von nebenan Chrysanthemen kaufen und bepflanzten alles damit. Als sie im neunten Monat blühten, zog ich noch einmal für zehn Tage mit Yun dorthin um. Auch meine Mutter kam in froher Stimmung, um sich die Blumen anzusehen, und wir feierten die Chrysanthemenblüte mit einem Krabbenessen. Wir vergnügten uns den ganzen Tag, und Yun sagte fröhlich: »Irgendwann einmal müssen wir hier bauen! Wir kaufen uns zehn *mu* Gemüseacker rund um das Haus und lassen die Dienerschaft Kürbisse und Grünzeug anbauen, so daß wir ein Einkommen haben. Wenn du malst und ich sticke, können wir es uns leisten, Gedichte zu schreiben und Wein zu trinken. In Baumwolle gekleidet und bei Gemüsekost, können wir bis ans Ende unserer Tage fröhlich sein und brauchen keine weiten Reisen zu planen.«

Ich stimmte ihr von ganzem Herzen zu. Auch heute wäre der Platz noch zu haben, meine Freundin aber ist dahingegangen. Alles, was ich tun kann, ist seufzen.

Ungefähr einen halben *li* von unserem Hause entfernt lag in der Cuku-Gasse der ›Tempel des Herrschers des Dongting-Sees‹, der im Volksmund der ›Tempel des Wasserheiligen‹ genannt wird. Er hat verschlungene Wandelgänge und einen kleinen Garten mit Pavillons. Wenn der Geburtstag des Gottes begangen wurde, besetzte jede Familie einen Winkel des Tempels, hängte dort dicht an dicht Glaslaternen auf, stellte einen Ehrensitz in die Mitte und Tische für Blumenvasen an den Rand. Darauf ordneten sie Blumengestecke und wetteiferten mit ihnen um Sieg oder Niederlage. Am Tage wurden nur Theatervorstellungen gegeben, zur Nacht aber verteilte man in unregelmäßiger Anordnung Kerzen zwischen den Vasen. Das nannte sich ›Blumenillumination‹. Der Glanz der Blumen und der Widerschein der Lichter, die wertvollen Opfergefäße und die Weihrauchschwaden, all das glich einem nächtlichen Fest im Palast des Drachenkönigs. Die Veranstalter sorgten für Flötenspiel und Gesang, Tee und Gespräche. Die Schaulustigen strömten zusammen wie Ameisen, und unter allen Dachtraufen wurden als Begrenzung Gitter aufgestellt. Ich wurde von zahlreichen Freunden gebeten, hinzugehen und Blumen zu arrangieren, so hatte ich Gelegenheit, die Pracht selbst zu erleben. Als ich nach Hause zurückkam und Yun begeistert davon erzählte, sagte sie: »Schade, daß ich kein Mann bin und nicht hingehen kann!«

»Wenn du meinen Hut aufsetzt und meine Kleider anziehst, wird ein Mann aus dir«, schlug ich vor.

Also machte sie aus ihrem Haarknoten einen Zopf, zog ihre schön geschwungenen Brauen nach und setzte einen Hut von mir auf. Daß das Schläfenhaar ein wenig hervorlugte, störte nicht. Als sie mein Übergewand anzog, reichte es ihr anderthalb *cun* zu weit herab, deshalb schlug sie es an der Taille ein, nähte es fest und zog eine Jacke mit weiten Ärmeln darüber. Dann fragte sie: »Was mache ich mit den Füßen?«

»In den Werkstätten gibt es ›Schmetterlingsschuhe‹, die an jeden Fuß passen und leicht zu bekommen sind«, sagte ich. »Du kannst sie dann morgens und abends als Pantoffeln anziehen. Wäre das nicht gut?«

Yun freute sich, und als sie sich nach dem Abendessen hergerichtet hatte, übte sie lange, wie ein Mann die zusammengelegten Hände zum Gruß zu erheben und große Schritte zu machen. Plötzlich aber änderte sie ihren Entschluß wieder und sagte: »Ich gehe nicht. Wenn mich jemand erkennt, ist das sehr unangenehm, und wenn deine Eltern davon erfahren, ist das besonders peinlich.«

Ich stachelte sie dennoch an, sie solle gehen. »Alle Veranstalter im Tempel kennen mich«, sagte ich. »Selbst wenn du erkannt werden solltest, lachen sie nur. Meine Mutter aber ist bei der neunten Schwester im Hause ihres Mannes zu Besuch. Wie soll sie also davon erfahren, wenn wir in aller Heimlichkeit fortgehen und wiederkommen?!«

Yun nahm einen Spiegel, betrachtete sich darin und lachte unbändig, ohne wieder aufzuhören. Schließlich mußte ich sie gewaltsam mitziehen, damit wir losgehen konnten. Im Tempel gingen wir überall umher, und niemand erkannte sie als Frau. Wenn jemand fragte, wer das sei, erwiderte ich, es sei mein jüngerer Vetter. Dann erfolgte ein Gruß mit zusammengelegten Händen, und das war alles. Zu guter Letzt kamen wir an eine Stelle, wo hinter einem reichen Blumenarrangement junge Frauen und Mädchen saßen. Es waren Angehörige der Familie Yang, die mit zu den Veranstaltern gehörte. Ohne viel nachzudenken, ging Yun rasch auf sie zu, um ein paar freundliche Worte mit ihnen zu wechseln. Dabei stützte sie sich, leicht schwankend, ungewollt mit der Hand auf die Schulter einer jungen Frau.

Zornig stand eine alte Sklavin, die mit dabeisaß, auf und sagte: »Was seid Ihr für ein dreister junger Mann, daß Ihr Euch so ungebührlich benehmt!«

Ich versuchte mit ein paar passenden Worten zu retten, was zu retten war, doch als Yun sah, daß es schlecht um uns stand, nahm sie rasch den Hut ab, hob einen Fuß in die Höhe und sagte: »Ich bin ja auch eine Frau!«

Alle waren sprachlos, und schnell verwandelte sich der Zorn in Freude. Man lud uns zu Tee und Naschwerk ein und ließ dann eine Sänfte rufen, die uns nach Hause zurückbrachte.

Als Qian Shizhu aus Wujiang starb, schickte mein Vater einen Brief, in dem er mir befahl, hinzufahren und an der Trauerfeier teilzunehmen. Heimlich sagte mir Yun: »Nach Wujiang mußt du über den See Taihu fahren. Ich würde gern mitkommen, um meinen Horizont zu erweitern.«

»Eben habe ich daran gedacht, wie einsam es wird, allein zu fahren«, erwiderte ich. »Wenn du mitkämst, wäre das wirklich wunderbar. Ich weiß aber nicht, welchen Vorwand ich angeben soll.«

»Wir sagen, ich besuche meine Mutter«, erklärte Yun. »Du steigst zuerst ins Boot, und ich komme nach.«

»Dann müssen wir auf dem Rückweg unbedingt unter der ›Brücke der Zehntausend Jahre‹ ankern«, sagte ich. »Dort warten wir auf den Mond und genießen die Kühle und vergnügen uns auf dieselbe erlesene Art wie im ›Pavillon der Dunklen Wellen‹.«

Es war am 18. Tag des 6. Monats. Der Morgen war kühl, als ich mit einem Diener zur Anlegestelle am Xujiang-Fluß vorausging, mich ins Boot setzte und wartete. Yun kam tatsächlich in einer Sänfte, die Taue wurden gelöst, und wir fuhren durch die ›Brücke des Tigergebrülls‹. Allmählich wurden windgeschwellte Segel und Wasservögel sichtbar, Wasser und Himmel verschmolzen ineinander.

»Das also nennt man den Taihu?« fragte Yun. »Heute bekomme ich zu sehen, wie weit Himmel und Erde sind, und so war mein Leben nicht umsonst. Ach, wie vielen Frauen in ihren Gemächern bleibt dieser Anblick ihr Leben lang verwehrt!«

Wir hatten noch nicht lange miteinander geplaudert, als der Wind durch die Weiden am Ufer fuhr und wir schon in Wujiang anlegten. Ich ging an Land, doch als ich nach dem Totenopfer zurückkam, war das Boot leer. Hastig fragte ich den Schiffer, und er wies mir mit der Hand die Richtung und sagte dazu: »Seht Ihr sie nicht im Schatten der Weiden an der langen Brücke, wie sie den Kormoranen beim Fischen zuschaut?«

Da war also Yun mit der Tochter des Schiffers an Land gegangen. Ich trat hinter sie. Yuns gepudertes Gesicht war schweißüberströmt, sie stützte sich auf das Schiffermädchen und war ganz versunken in den Anblick. Ich berührte sie an der Schulter und sagte: »Dein Gewand ist schon ganz durchgeschwitzt.«

Yun wandte den Kopf zu mir und antwortete: »Ich hatte Angst, es könnte jemand von der Familie Qian mit ans Boot kommen, deshalb habe ich mich zunächst einmal versteckt. Warum bist du so schnell zurückgekommen?«

»Um die Ausreißerin zu fassen!« sagte ich lachend.

課書消夏

Eines Tages fragte Yun:
»Welches Buch sollte man als Meisterwerk
der klassischen Prosa ansehen?« (Seite 19)

Ich führte sie an der Hand zum Boot zurück, und wir ließen uns heimwärts bis unter die ›Brücke der Zehntausend Jahre‹ rudern. Die Sonne war noch nicht untergegangen, darum ließen wir alle Kajütenfenster herab. Es ging ein leichter Wind, wir hielten runde Seidenfächer in der Hand und waren in leichte Gazegewänder gekleidet. Um den Durst zu stillen, schnitten wir eine Melone auf. Nach kurzer Zeit färbte der Widerschein des Abendhimmels die Brücke rot, und ein Dunstschleier legte sich dunkel über die Weiden. Silbern ging der Mond auf, und überall auf dem Fluß leuchteten die Lichter der Fischer. Ich hieß den Diener, zum Bug des Bootes zu gehen und mit dem Schiffer zusammen zu trinken.

Die Tochter des Schiffers hieß mit persönlichem Namen Suyun. Eine Weinfreundschaft verband mich mit ihr, und als Mensch war sie alles andere als gewöhnlich. Ich ließ sie mit Yun zusammen Platz nehmen. Vorn im Boot hatten wir keine Laterne, und so tranken wir fröhlich im Mondschein. Als Trinkspiel hatten wir ›Verborgenes erraten‹ gewählt. Suyuns Augen blitzten. Sie hörte uns lange zu und sagte dann: »Ich bin mit Trinkspielen gut vertraut, aber von diesem habe ich nie gehört. Ich möchte es lernen.«

Yun versuchte, es mit allen möglichen Vergleichen zu erklären, aber Suyun wollte und wollte es nicht begreifen. Lächelnd sagte ich: »Haltet ein mit Euren Erklärungskünsten, Frau Lehrerin! Ich habe einen Vergleich, der es klarmacht.«

»Was ist das für ein Vergleich?« wollte Yun wissen.

»Der Kranich kann tanzen, aber nicht pflügen, und das Rind kann pflügen, aber nicht tanzen«, sagte ich. »Das ist die Natur der Dinge. Ist es nicht vergebliche Liebesmüh, wenn du es ihr trotzdem beibringen willst?«

Lachend hämmerte Suyun auf meine Schulter und fragte: »Willst du mich beschimpfen?«

»Ab sofort darf nur noch der Mund in Bewegung gesetzt werden, aber nicht die Hände!« verkündete Yun. »Wer dagegen verstößt, leert zur Strafe einen großen Becher!«

Suyun war eine kräftige Trinkerin. Sie füllte einen großen Becher bis zum Rand und leerte ihn in einem Zug.

Jetzt korrigierte ich: »Die Hände dürfen nur zum Liebkosen in Bewegung gesetzt werden, nicht zum Schlagen!«

Lächelnd schob Yun daraufhin Suyun an meine Brust und sagte: »Bitte, liebkose sie nur nach Herzenslust!«

»Du verstehst mich nicht«, gab ich zurück. »Eine Liebkosung, das ist halb wie unbeabsichtigt. Festhalten und wild zugreifen ist die Art, wie Bauerntölpel es machen.«

Inzwischen stieg mir der Duft der Jasminblüten, die an vier Schläfen steckten, vermischt mit dem Weindunst und dem Geruch von Puder, Schweiß und Haaröl, in die Nase, und ich sagte im Scherz: »Das Boot ist so von Gemeinem-Leute-Geruch erfüllt, daß einem schlecht wird.«

Suyun konnte nicht an sich halten, ballte die Fäuste, trommelte in einem fort gegen meine Schulter und fragte: »Wer hat dich denn geheißen, so wild danach zu schnüffeln?!«

»Das verstößt gegen die Regeln! Zur Strafe mußt du zwei Becher trinken!« rief Yun dazwischen.

»Aber er hat mich schon wieder beschimpft und mich gemein genannt, muß ich ihn dafür nicht schlagen?« rechtfertigte sich Suyun.

»Mit den gemeinen Leuten, von denen er spricht, hat es eine besondere Bewandtnis«, erklärte Yun. »Trink aus, dann werde ich es dir erzählen!«

Suyun leerte beide Becher nacheinander, dann erzählte ihr Yun, wie wir seinerzeit in unserer alten Wohnung am ›Pavillon der Dunklen Wellen‹ die Abendkühle genossen hatten.

»Wenn das so ist, habe ich ihn wirklich zu Unrecht verdächtigt«, sagte Suyun. »Dafür muß ich noch einmal bestraft werden.« Und sie leerte einen weiteren Becher.

»Ich habe schon vor langem erfahren, daß du eine gute Sängerin bist«, sagte Yun. »Darf ich etwas davon hören?« Da schlug Suyun mit einem elfenbeinernen Eßstäbchen auf einen Teller und sang dazu. Yun aber trank in froher Stimmung nach Herzenslust, und unvermerkt war sie betrunken. Sie nahm dann eine Sänfte und ließ sich als erste nach Hause bringen, während ich noch eine kurze Zeit mit Suyun beim Tee verplauderte, ehe ich durch den Mondschein nach Hause ging.

Damals wohnten wir vorübergehend bei meinem Freund Lu Banfang in seinem ›Haus der Stille und Frische‹. Ein paar Tage später hörte Lus Frau zufällig von der Sache und wandte sich heimlich an Yun mit den Worten: »Dein Mann soll vor ein paar Tagen mit zwei Freudenmädchen im Arm auf einem Boot an der ›Brücke der Zehntausend Jahre‹ getrunken haben. Weißt du davon?«

»Das stimmt«, sagte Yun. »Die eine der beiden bin ich gewesen.«

Dann erzählte sie ihr in allen Einzelheiten, wie wir gemeinsam den Ausflug gemacht hatten. Lus Frau lachte herzlich darüber, und ihre Zweifel waren zerstreut.

Als ich im siebenten Monat des einundfünfzigsten Jahres des Sechzigerzyklus in der Ära Qianlong aus Guangdong zurückkehrte, brachte einer meiner Gefährten – es war Xu Xiufeng, der Mann einer Kusine – eine Nebenfrau mit nach Hause. Begeistert lobte er die Schönheit der Neuen und lud Yun ein, sie sich anzusehen. Später sagte Yun ihm dann: »Schön ist sie, aber Liebreiz hat sie wohl nicht.«

»Wenn dein Mann sich eine Nebenfrau nimmt, muß sie also schön und liebreizend sein?« fragte Xu Xiufeng.

»So ist es«, erwiderte ihm Yun. Von diesem Tag an versuchte sie, diesen törichten Gedanken zu verwirklichen, jedoch hatten wir nicht die Mittel dazu.

Um diese Zeit hielt sich Wen Lengxiang, ein Freudenmädchen aus Zhejiang, in Suzhou auf. Von ihr gab es vier Regelgedichte *Lob der Weidenflokken*, die in der ganzen Stadt kursierten, und viele Enthusiasten schrieben daraufhin Gegengedichte. Zhang Xianhan, ein Freund von mir aus Wujiang, der große Stücke auf Wen Lengxiang hielt, brachte uns ihre Weidenflockengedichte und verlangte, daß auch wir sie erwiderten. Yun hielt nichts von der Person und ließ die Gedichte deshalb unbeachtet, ich aber wollte gern mein Talent zur Schau stellen und antwortete mit einem Gedicht nach demselben Reimschema. Darin kamen zwei Zeilen vor, die bei Yun viel Beifall fanden:

> Weil ich mit mir allein bin, quält der Frühling
> um so mehr,
> hasch ich nach Weidenflocken, schmerzt die
> Trennung doppelt stark.

Im folgenden Jahr, dem zweiundfünfzigsten des Sechzigerzyklus, wollte meine Mutter am 5. Tag des 8. Monats gemeinsam mit Yun einen Ausflug zum ›Tigerhügel‹ machen, als plötzlich Zhang Xianhan erschien und sagte: »Auch ich habe heute einen Ausflug zum ›Tigerhügel‹ vor und komme extra, um dich einzuladen, den Dritten im Bunde zu machen.« Er bat meine Mutter, sie solle vorausfahren, und verabredete, daß wir uns in Bantang am ›Tigerhügel‹ treffen. Dann schleppte er mich in die Wohnung von Wen Lengxiang, wo ich sah, daß dies schon eine Frau mittleren Alters war. Sie hatte eine Tochter mit Namen Hanyuan, noch keine sechzehn Jahre alt. Diese war groß und schlank und voller Anmut, von ihr konnte man wirklich sagen: ›Ein Herbstteich strahlet Kälte aus.‹ Daran, wie sie mich empfing, konnte ich feststellen, daß sie sehr kultiviert war. Ihre Schwester Wenyuan war noch ein Küken.

Ich gab mich zu dieser Zeit keinen leeren Hoffnungen hin und bedachte vielmehr, daß sich ein armer, unbedeutender Mann wie ich nicht die kleinste Gegeneinladung leisten konnte. Da ich nun aber schon in die Sache hineingeraten war und nicht wußte, wie ich mich verhalten sollte, entschloß ich mich, mich in der Weise erkenntlich zu zeigen, wie ich eben konnte. Heimlich sagte ich zu Zhang Xianhan: »Ich bin ein armer Mann. Willst du mich mit dieser Schönheit zum besten halten?«

»Aber nein!« erwiderte Zhang Xianhan lächelnd. »Ein Freund hatte für heute zu diesem Ausflug eingeladen, den Hanyuan mir schuldig war. Nun aber ist der Gastgeber von jemand Wichtigerem weggeholt worden, und ich bin als Eingeladener zum Einladenden geworden. Also mach dir nur keine Gedanken!« Jetzt erst waren meine Zweifel zerstreut.

Wir langten in Bantang an, wo beide Boote sich trafen, und ich Hanyuan hinübersteigen ließ, damit sie meine Mutter begrüßte. Als Yun und Hanyuan einander begegneten, waren sie so froh wie alte Bekannte. Hand in Hand stiegen sie den Berg hinauf und besichtigten alle Sehenswürdigkeiten. Yuns ganze Liebe galt der Stelle ›Tausend *qing* Wolken‹, weil sie so hoch liegt und eine freie Aussicht bietet. Hier saß sie lange und genoß den Anblick.

Nachdem wir bis zum ›Gießhausstrand‹ zurückgefahren waren, tranken wir ausgelassen miteinander, wobei beide Boote nebeneinander lagen. Als schließlich die Taue losgemacht wurden, sagte Yun zu mir: »Leiste du Herrn Zhang Gesellschaft und laß Hanyuan mich begleiten. Einverstanden?« Ich stimmte zu und stieg erst an der Brücke Dutingqiao auf das andere Boot hinüber, um mich zu verabschieden. Als wir nach Hause kamen, war bereits die dritte Nachtwache angebrochen.

»Heute habe ich jemanden kennengelernt, der sowohl schön als auch liebreizend ist«, eröffnete mir Yun. »Eben habe ich schon mit Hanyuan verabredet, daß sie morgen zu mir kommt, und dann werde ich die Sache für dich in die Wege leiten.«

Erschrocken sagte ich: »Jemand wie sie gehört in Prunkgemächer. Wie dürften arme Leute wie wir solche anmaßenden Hoffnungen hegen?! Außerdem verstehen wir beide uns doch so gut, wozu mußt du nach einer anderen suchen?«

»Ich selbst mag sie«, sagte Yun daraufhin lächelnd. »Also laß mich nur machen!«

Am nächsten Tag um die Mittagsstunde kam Hanyuan tatsächlich, und Yun empfing sie sehr freundschaftlich und aufmerksam. Bei Tisch spielten wir ein Trinkspiel, bei dem der Gewinner ein Gedicht vorzutragen, der Verlierer aber zu trinken hatte. Als die Tafel aufgehoben wurde, war kein Wort der Werbung gefallen, aber nachdem Hanyuan fort war, sagte Yun: »Eben habe ich mich unter vier Augen wieder mit ihr verabredet. Sie kommt am 18., und wir wollen uns verschwistern. Es wäre also angebracht, daß du für ein Opfer sorgst.« Dann wies sie lächelnd auf den Armreifen aus Hartjade, den sie um ihr Handgelenk trug, und sagte: »Wenn du siehst, daß Hanyuan ihn trägt, ist die Sache vereinbart. Eben habe ich schon eine Andeutung gemacht, aber noch ist der Knoten nicht geknüpft.« Ich ließ sie einstweilen gewähren.

Am 18. regnete es stark, aber Hanyuan kam durch den Regen zu uns. Lange blieben sie miteinander im Zimmer, ehe sie endlich Hand in Hand wieder herauskamen. Bei meinem Anblick geriet Hanyuan in Verlegenheit, denn den Jadereifen trug sie jetzt schon an ihrem Arm.

Als der Weihrauch abgebrannt und der Bund geschlossen war, wollten wir unser Trinkspiel vom vorigen Mal fortsetzen. Doch Hanyuan hatte sich zu einem Ausflug an den See Shihu verabredet, und so verabschiedete sie sich.

Frohgelaunt sagte Yun zu mir: »Jetzt ist die Schöne gewonnen. Doch wie wirst du der Vermittlerin danken?«

Ich fragte nach den Einzelheiten, und Yun berichtete: »Ich habe durch die Blume mit ihr gesprochen, weil ich fürchtete, ihr Sinn könne auf einen andern gerichtet sein. Als ich nach kurzer Zeit herausgefunden hatte, daß es niemanden gibt, habe ich gefragt: ›Verstehst du, worum es heute geht?‹ Darauf hat sie geantwortet: ›Wenn Ihr mich so erhebt, heißt das wirklich, daß das einfache Unkraut eine Stütze am Jadebaum findet. Aber meine Mutter setzt übergroße Hoffnungen auf mich, darum werde ich schwerlich selbst über mich entscheiden können. Ich möchte, daß wir es gemeinsam mit Geduld versuchen.‹ Als ich dann meinen Armreifen abstreifte und ihn über ihre Hand schob, sagte ich ›Jade schätzt man seiner Festigkeit wegen, und der Ring bedeutet unverbrüchliche Zusammengehörigkeit. Versuch ihn zu tragen und sieh ihn als ein Vorzeichen an.‹ — ›Ihr seid es, die über unsere Verbindung entscheidet‹, antwortete sie darauf. So gesehen, ist ihr Herz schon gewonnen, nur Wen Lengxiang können wir schlecht zu etwas zwingen. Wir müssen noch etwas unternehmen!«

»Schickst du dich an, Li Yus *Liebe zur duftigen Gefährtin* nachzuahmen?« fragte ich lächelnd.

»So ist es«, erwiderte Yun.

Seitdem verging kein Tag mehr, ohne daß wir von Hanyuan sprachen. Später hat ein Mächtiger sie für sich genommen, und es wurde nichts daraus. Yun aber ging letzten Endes daran zugrunde.

II
Vom Reiz der Nichtigkeiten

Ich erinnere mich, daß ich als kleiner Junge mit weit geöffneten Augen in die Sonne sehen und ganz Winziges deutlich erkennen konnte. An den kleinsten Gegenständen unterschied ich feinste Linien, und so genoß ich oft ein überirdisches Vergnügen. Wenn im Sommer das Mückengesumm laut wie Donner tönte, wähnte ich, daß Kranichschwärme über mir in der Luft tanzten. In der Einbildung meines Herzens waren es Hunderte oder Tausende wirklicher Kraniche, und ich beobachtete sie mit zurückgelegtem Kopf, bis mir der Hals steif wurde. Den Mücken, die zwischen die weißen Bettvorhänge gelangten, blies ich vorsichtig Rauch entgegen, so daß sie summend durch die Rauchschwaden stiegen, was den Anblick weißer Kraniche vor dunklen Wolken ergab, und es war wirklich so, als ob Kraniche am Himmel krähten, was mich froh und heiter stimmte.

Oft hockte ich mich an den Vorsprüngen und Einbuchtungen einer Lehmmauer oder vor den grasbewachsenen Stellen eines Hochbeets nieder. Dann befanden sich die Grasbüschel in einer Höhe mit meinen Augen, und ich vertiefte mich so in den Anblick, daß sie mir als Wald und die Käfer und Ameisen als die Tiere des Waldes erschienen. Erdhäufchen und Steine galten mir als Hügel, Vertiefungen als Täler, in denen ich im Geiste umherwanderte, glücklich und zufrieden. Eines Tages sah ich zwei Käfer, die im Gras miteinander kämpften, und während ich ganz in diesen Anblick versunken war, erschien mit einem Mal ein riesiges Wesen, das Berge niedertrat und Bäume umknickte — eine Erdkröte. Ihre Zunge schnellte heraus, und beide Käfer waren verschlungen. Klein wie ich war und so völlig in Gedanken versunken, bekam ich einen fürchterlichen Schreck. Als ich mich wieder gefaßt hatte, fing ich die Kröte, peitschte sie ein paar dutzendmal und jagte sie in einen anderen Hof. Als mir dieses Erlebnis später als Erwachsener wieder in Erinnerung kam, deutete ich den Kampf der beiden Käfer als Vergewaltigung und Verweigerung. Die Alten sagten: ›Unzucht ist von Mord nicht weit entfernt.‹ Ist das bei den Käfern auch so?

Während ich gierig diesem Zeitvertreib nachging, hinterließ ein Regenwurm seine feuchte Spur auf meinem Ei (im Wu-Dialekt wird das männliche Genitale volkstümlich ›Ei‹ genannt), und es schwoll dermaßen an, daß ich nicht Wasser lassen konnte. Es wurde eine Ente gefangen. Sie sollte den Schnabel aufmachen und die Stelle mit ihrem Speichel befeuchten. Doch aus Versehen ließ die alte Sklavin sie los, die Ente senkte den Hals und schien mich beißen zu wollen. Vor Schreck begann ich laut zu schreien. Der Vorfall diente dann oft dazu, sich über mich lustig zu machen.

Dies waren die müßigen Vergnügungen meiner Kindheit.

Als ich erwachsen war, wurde meine Liebe zu den Blumen zu einer wahren Sucht. Mit Hingabe zog ich Topfbäumchen. Nachdem ich mit Zhang Lanpo bekannt geworden war, wurde ich zuerst mit den Verfahren vertraut, nach denen man die Zweige beschneidet und die Knoten erzielt. In der Folge begriff ich auch die Regeln, nach denen die Pflanzen kombiniert und die Steine zusammengestellt werden.

Königin der Blumen ist durch ihren zarten Duft und ihren graziösen Charme die *lan*-Orchidee. Doch edle Exemplare, die in etwa wert wären, in den Kanon aufgenommen zu werden, findet man selten. Als Zhang Lanpo sein Ende nahen fühlte, schenkte er mir einen Topf Frühlingsorchideen mit lotosartigen Blütenblättern und weißem Kelch. Die ›Schultern‹ waren eben, die Kelche weit, die Stengel zart und die Blütenblätter rein. Sie hätte man in den Kanon aufnehmen können. Ich schätzte sie so, als wäre sie ein wertvoller Kultgegenstand aus Jade. Als ich wegen meiner Sekretärsdienste unterwegs war, goß Yun sie mit eigener Hand, und sowohl die Blüten als auch die Blätter gediehen üppig. Doch nach kaum zwei Jahren ging die Pflanze eines Tages plötzlich ein. Die Wurzeln, die ich ausgrub, um sie mir anzusehen, waren weiß wie Jade, und auch die Triebe waren gut entwickelt. Ich war zunächst ganz ratlos und meinte, es sei mir nicht vergönnt, ein solches Glück zu genießen. Deshalb war ich nur tief bekümmert. Erst später erfuhr ich, daß jemand die Pflanze mit kochendem Wasser gegossen hatte, weil ich ihm den Wunsch abschlug, sie für ihn zu teilen. Seitdem habe ich mir geschworen, keine Orchideen mehr zu halten.

Als zweites gefallen mir am meisten die Azaleen. Sie duften zwar nicht, aber ihre Schönheit hält lange vor, und außerdem sind sie leicht zu beschneiden. Doch Yun trauerte um jeden Zweig und jedes Blatt, und sie ertrug es nicht, wenn ich viel herumschnitt. Auf diese Weise konnten allerdings aus den Azaleen keine Bäumchen werden. Mit den übrigen Topfpflanzen war es genauso.

Jedes Jahr, wenn an der Ostseite des Flechtzauns die Chrysanthemen erblühen, erwacht meine Herbstleidenschaft. Die Chrysantheme stecke ich gern als Schnittblume in Vasen, als Topfpflanze mag ich sie nicht. Nicht daß sie als Topfpflanze unansehnlich wäre, aber weil unsere Familie keinen Garten hatte, konnte ich sie nicht selber ziehen, und was man auf dem Markt bekam, war so reizlos, daß ich dafür keine Verwendung hatte.

Stellt man Blumen in eine Vase, sollten sie eine ungerade Anzahl ergeben, keine gerade. Für jede Vase nimmt man nur eine Sorte und auch nicht zwei verschiedene Farben. Die Vasenöffnung muß weit sein, nicht eng; wenn sie weit ist, kommen die Blumen gut zur Geltung. Die Anzahl der Blumen ist beliebig, es können von fünf oder sieben bis zu dreißig oder vierzig sein, aber die Stengel müssen in einem Büschel aus der Vase ragen, und es ist gut, wenn sie weder unordentlich locker noch dicht gedrängt stehen und wenn sie den Rand der Vasenöffnung nicht berühren. Dazu sagt man: ›Der Ansatz soll kompakt sein.‹ Die Stengel sollen entweder gerade aufragen oder aber schräg liegen wie im Tanz oder im Fluge. Man nimmt Blumen von unterschiedlicher Länge und fügt noch Blütenknospen dazwischen, um stupide Monotonie zu vermeiden. Die Blätter dürfen nicht unordentlich, die Stengel nicht steif sein. Wenn man Nadeln benutzt, sollte man sie verbergen. Sind sie zu lang, bricht man sie besser ab, damit nicht überall Nadeln aus den Stengeln ragen. Dazu sagt man: ›Die Vasenöffnung soll sauber sein.‹

Je nach der Größe des Tisches soll man nur drei bis sieben Vasen auf einen Tisch stellen. Mehrere würden ein Durcheinander ergeben, das aussieht wie ein Chrysanthemensetzschirm auf dem Markt. Die Höhe der Untersetzer soll von drei oder vier *cun* bis maximal zwei *chi* und fünf bis sechs *cun* betragen. Die einzelnen Vasen müssen in unterschiedlicher Höhe in einem ausgewogenen Verhältnis zueinander stehen, so daß sich ein geschlossenes Bild ergibt. Eine Anordnung, die in der Mitte hoch und an beiden Seiten niedrig, hinten hoch und vorne niedrig oder symmetrisch gestaltet ist, würde ergeben, was man volkstümlich einen ›bunten Misthaufen‹ nennt. Beim Aufstellen der Vasen muß man sich ganz auf den Geschmack eines Kenners verlassen, der sich auf Arrangements versteht.

七夕拜月
寬堂
少泉昭基
合作於北京

In der Nacht des 7. Tages des 7. Monats dieses Jahres
stellte Yun Weihrauch und Kerzen, Melonen
und Früchte auf … (Seite 23)

Verwendet man Schalen oder Teller, dann nimmt man gereinigtes Kobalt, Kolophonium, Ulmenrindenmehl und Öl und erhitzt das auf der Asche von Reisstroh, bis ein Leim daraus wird. Dann befestigt man Nägel mit den Köpfen nach unten auf einer Kupferplatte, macht die Paste heiß und klebt die Kupferplatte damit auf den Boden der Schale beziehungsweise des Tellers. Nachdem sie abgekühlt ist, bindet man die Blumen büschelweise mit Eisendraht zusammen und spießt sie auf die Nägel. Dabei sollten sich die Blumen zur Seite neigen und nicht nur in der Mitte stehen, außerdem sollten die Stiele locker stehen und die Blätter frei, sie dürfen nicht aneinandergepreßt sein. Anschließend gießt man Wasser auf und bedeckt die Kupferplatte mit etwas Sand. So hat der Betrachter den Eindruck, die Blumen wüchsen direkt auf dem Boden der Schale.

Stellt man blühende oder fruchtende Baumzweige in eine Vase, dann ist es wichtig, wie man sie beschneidet. Denn man kann nicht jeden einzelnen Zweig selber aussuchen, und was andere abgebrochen haben, wird einen nie zúfriedenstellen. Zuerst muß man den Zweig in die Hand nehmen, ihn hin und her wenden und von vorne und hinten betrachten, um zu sehen, wie er am besten wirkt. Hat man ihn zur Genüge begutachtet, dann schneidet man überflüssige Seitentriebe ab. Kahl und bizarr ist er am schönsten. Als nächstes muß man überlegen, wie man den Zweig in die Vase steckt. Knickt oder krümmt man ihn, dann läßt sich vermeiden, daß die Blätter hinten und die Blüten an der Seite sitzen, was von Nachteil ist. Nimmt man einen Zweig so, wie er einem in die Hand kommt, und steckt ihn senkrecht in die Vase, dann wirkt mit Sicherheit der Hauptzweig steif, und die Seitenzweige bilden ein Gewirr, die Blüten sitzen seitwärts und die Blätter hinten. So kann er schwerlich zur Wirkung kommen, und von Grazie kann schon gar nicht die Rede sein. Einen Zweig zu knicken oder zu krümmen macht man so: Man sägt ihn zur Hälfte durch und klemmt ein Ziegelstückchen oder ein Steinchen hinein. So wird aus einem geraden Zweig ein krummer. Wenn er herunterhängt, schlägt man einen oder zwei Nägel hinein, die ihn halten. Auf diese Weise läßt sich alles verwenden — Ahornblätter und Bambushalme, Gräser und Dornenzweige. Ein grüner Bambushalm mit ein paar Bocksdornbeeren kombiniert oder ein paar Stengel zartes Gras zusammen mit zwei Dornenzweigen ergeben, wenn sie günstig angeordnet werden, einen Anblick von überirdischem Reiz.

Wenn man ein Blütenbäumchen neu pflanzt, kann man es unbesorgt schräg einpflanzen, um Wirkung zu erzielen, und auch die Blätter können seitlich wachsen. Nach einem Jahr richten sich Blätter und Zweige von selbst nach oben. Wenn man Bäumchen für Bäumchen senkrecht einpflanzt, kann man schwerlich eine Wirkung erzielen. Um ein Topfbäumchen ziehen zu können, nimmt man in erster Linie eine Wurzel, die Auswüchse wie Hühnerkrallen hat. Die beschneidet man links und rechts in der Weise, daß drei Knoten übrigbleiben. Dann läßt man sie Zweige treiben. Jeder Zweig soll einen Knoten haben, und bis zur Spitze sollen es sieben Zweige oder neun Zweige sein. Ein Zweig darf nicht zwei Knoten nebeneinander wie Schultern und Arme haben, und die Knoten dürfen nicht dick sein wie die Knie eines Kranichs. Die Zweige müssen rundherum abzweigen, und man darf sie nicht nur links und rechts stehenlassen, weil das Bäumchen sonst ›eine nackte Brust und einen bloßen Rücken‹ hat. Auch dürfen die Zweige nicht gerade nach vorn oder hinten herauswachsen. Es gibt Bäumchen, die man ›zweitriebig‹ oder ›dreitriebig‹ nennt. Bei diesen entspringen aus einer Wurzel zwei beziehungsweise drei Stämmchen. Ist die Wurzel nicht krallenförmig, so bildet sich ein Bäumchen, das aussieht wie hineingesteckt. Deshalb kann man solche Wurzeln nicht verwenden.

Aber um ein Topfbäumchen zu ziehen, braucht man wenigstens dreißig oder vierzig Jahre. In meinem ganzen Leben habe ich nur einen Menschen getroffen, der sich mehrere Topfbäumchen gezogen hatte, das war ein Landsmann von mir, der alte Wan Caizhang. Außerdem habe ich im Hause eines Kaufmanns in Yangzhou ein Töpfchen mit einem Buchsbaum und eines mit einem Lebensbaum gesehen, die ein Reisender vom Yushan mitgebracht und ihm geschenkt hatte. Aber leider waren das ›glänzende Perlen, ins Dunkel geworfen‹. Weiter habe ich nichts gesehen, was etwas wert gewesen wäre.

Wenn man die Zweige rundum wie eine Pagode wachsen läßt, oder wenn sie sich winden wie Regenwürmer, so ist das einfallslose Handwerkerart.

Durch die Anordnung von Pflanzen und Steinen

zu Miniaturlandschaften ergeben sich Kompositionen, die wert sind, gemalt zu werden, wenn sie kleiner sind, oder in die man sich mit allen seinen Sinnen versenken kann, wenn sie größer sind. Nur wenn sich der Geist darin verlieren kann, wenn man bei einer Schale Tee davorsitzt, taugen sie als Zierde für eine abgeschiedene Studierstube.

Als ich Tazetten pflanzte und keine Steine aus Lingbi hatte, ersetzte ich sie durch Holzkohle, die aussah wie Steinbrocken. Junge Gemüsekeime sind rein wie Jade. Wenn man fünf oder sieben Stück unterschiedlicher Größe in einer länglichen Schale in Sand pflanzt und anstelle von Steinen Holzkohle verwendet, ergibt sich durch den Kontrast von Schwarz und Weiß ein reizendes Bild. Die Möglichkeiten für solche feinsinnigen Kompositionen sind unerschöpflich, deshalb kann man sie nicht gut alle aufzählen. Wenn der Zierkalmus Samen bildet und man sie mit kalter Reissuppe zusammen durchkaut und sie dann mit dem Mund auf Holzkohle sprüht, die man anschließend an einen dunklen, feuchten Ort gibt, so wachsen darauf feine Kalmuspflänzchen. Man kann sie nach Belieben in Schalen weiterziehen, und sie bilden einen lieblichen grünen Flaum.

Reibt man an einem alten Lotoskern beide Enden dünn und steckt ihn in ein ausgeblasenes Hühnerei, das man mit vollen Eiern einer Henne unterschiebt, und nimmt ihn wieder heraus, wenn die Küken geschlüpft sind, und pflanzt ihn in einem kleinen Gefäß in eine Mischung aus zerstoßenen vorjährigen Schwalbennestern, denen man im Verhältnis 8 : 2 zermahlene Spargelwurzeln beimengt, mischt alles gut und gießt mit Flußwasser und läßt die Morgensonne darauf scheinen, so bilden sich Blüten von der Größe eines Weinbechers und Blätter nicht größer als eine Reisschale, die grazil und lieblich aufragen.

Bei der Anlage von Gartenpavillons und Türmchen, angebauten Gartenhäusern und gewundenen Wandelgängen, beim Anhäufen von Steinen zu Bergen und beim Pflanzen von Blütengehölzen soll man darauf bedacht sein, das Große klein und das Kleine groß erscheinen zu lassen, das Nichtvorhandene als vorhanden und das Vorhandene als nicht vorhanden. Ob offen oder verborgen, flach oder tief, es kommt nicht nur auf Windungen und Zickzack an und auch nicht auf weiten Raum, viele Steine und sinnlosen Einsatz großer Mittel. Man kann Erde ausgraben und zu einem Haufen auftürmen, den man mit Steinbrocken durchsetzt und mit Blumen bepflanzt, den Zaun können Aprikosenbäume bilden, und auf der Mauer können Kletterpflanzen wuchern, dann hat man einen Berg, wo kein Berg ist. Um das Große klein erscheinen zu lassen, pflanzt man verstreut schnellwüchsigen Bambus an und schirmt ihn mit rasch verzweigenden Aprikosenbäumen ab. Um das Kleine groß erscheinen zu lassen, hat die Mauer eines engen Hofes am besten Vertiefungen und Vorsprünge, wird mit Grün verziert und von Ranken überwuchert. Man sollte auch große Steine mit einfügen, in die Schriftzeichen eingehauen sind wie in einen Inschriftenstein. Macht man dann das Fenster auf, so scheint man auf eine Felswand zu blicken, die schroff und unendlich hoch ist. Um das Nichtvorhandene als vorhanden erscheinen zu lassen, kommt man am besten an einer Stelle, wo der Weg zu Ende ist, durch eine plötzliche Wendung auf eine weite offene Fläche, oder man gelangt durch eine Tür aus der Küche eines Gartenhauses in einen weiteren Hof. Um aber Vorhandenes als nicht vorhanden erscheinen zu lassen, läßt man auf einen Hof, den man nicht betreten kann, eine Tür führen und setzt Bambus und Steine davor. Dann ist es, als ob etwas da wäre, in Wirklichkeit aber ist nichts da. Bringt man oben auf einer Mauer ein niedriges Geländer an, dann ist es, als befände sich dort eine Terrasse, obwohl dort in Wirklichkeit nichts ist.

Arme Gelehrte haben nur wenige Räume für viele Personen, deshalb sollten sie die Raumeinteilung nachahmen, die in meiner Heimat in den Heckaufbauten der Boote vom *taiping*-Typ verwendet wird, indem sie Einbauten erhalten. Als Betten dienen stufenartige Plattformen, die vorn und hinten übereinandergreifen. So kann man drei Schlafstellen unterbringen. Voneinander abgeteilt werden sie mit Brettern, die man mit Papier beklebt. Vorne und hinten, oben und unten ragen so die Enden hinaus. Stellt man sich vor, man sei auf einer weiten Reise, dann empfindet man die Enge nicht. Als ich zu zweit mit meiner Frau besuchsweise in Yangzhou wohnte, haben wir diese Methode nachgeahmt. Wir hatten nur einen Raum von zwei Säulenzwischenräumen Breite, da aber oberer und unterer Schlafplatz, Küche und Gästezimmer ineinander

丁卯仲春少泉昭基合作於京華

»Ich möchte nur, daß du dich herabläßt,
es einmal zu probieren.« (Seite 34)

verschachtelt waren, hatten wir reichlich Platz. Yun hat einmal lachend gesagt: »Die Anordnung ist genial, aber es ist nicht die Atmosphäre einer reichen, vornehmen Familie.« Und damit hatte sie wirklich recht.

Einmal, als ich im Gebirge Gräber in Ordnung brachte, fand ich Steine mit einem sehenswerten Muster wie steile Berge. Als ich nach Hause kam, beriet ich mich mit Yun darüber und sagte: »Wenn man Steine aus Xuanzhou in einer Schale aus weißem Stein mit Kitt aufeinandertürmt, macht man das, weil die Farben übereinstimmen. Die gelben Steine aus unseren Bergen sind zwar von altertümlicher Schlichtheit, aber wenn man ebenfalls diesen Kitt verwendet, stechen Gelb und Weiß voneinander ab, und die Spuren der Bearbeitung sind sichtbar. Was könnte man da machen?«

»Suche minderwertige Steine aus und zerstoße sie zu Pulver, das du an den sichtbaren Stellen in den Kitt mischst«, sagte Yun. »Solange der Kitt feucht ist, mischst du es unter, und wenn er getrocknet ist, werden die Farben vielleicht gleich sein.«

Ich machte es so, wie sie gesagt hatte, und baute in einer rechteckigen Schale aus Yixing-Keramik einen Berggipfel auf, der auf der linken Seite aufragte und nach rechts auslief. Auf der Rückseite war er mit liegenden Rechtecken gemustert, wie es der Malweise von Ni Zan entspricht. Der Berg war schroff und zerklüftet wie ein Felshang an einem Fluß. Eine Ecke hatte ich frei gelassen, hier pflanzte ich in Flußschlamm unzähligen Kleefarn. Auf den Stein pflanzte ich Sternwinde. Nach mehreren Tagen Arbeit war die Topflandschaft fertig. Bis zum Spätherbst hatte die Sternwinde den ganzen Stein überwuchert, und er sah aus wie eine Felswand, von der Glyzinen herabhängen. Die Sternwindenblüten waren blutrot und bildeten einen schönen Kontrast zu den weißen Blüten des Kleefarns, der sich ebenfalls prächtig entwickelt hatte und auf dem Wasser schwamm. Wenn man sich in diese Landschaft hineinversetzte und in ihr umherwanderte, konnte man glauben, man sei auf Penglai, der Insel der Seligen. Ich stellte die Schale unter den Dachvorsprung, und dann kostete ich mit Yun zusammen die Einzelheiten aus — hier könnte man ein mehrstöckiges Gebäude am Wasser errichten, hier könnte ein strohgedeckter Pavillon stehen, hier könnte man die Inschrift einmeißeln ›Blüten fallen in fließendes Wasser‹, hier müßte man wohnen, hier angeln und hier Ausschau halten. Wir vertieften uns so sehr darin, als wollten wir wirklich dorthin übersiedeln. Eines Nachts stürzten zwei Katzen, die sich um Futter stritten, vom Dachvorsprung, und in einem einzigen Augenblick waren die Schale und das Gestell darunter zerschmettert. Seufzend bemerkte ich: »Selbst mit diesem kleinen Werk haben wir schon gegen das Tabu der Schöpfung verstoßen.« Und unwillkürlich mußten wir beide weinen.

In einem stillen Zimmer Weihrauch abzubrennen ist ein kultiviertes Vergnügen für Mußestunden. Yun dämpfte die verschiedenen Weihrauchsorten aus Aloeholz wie auch andere Dufthölzer gründlich in einem Reiskessel und trocknete sie dann langsam auf einem Gestell aus Kupferdraht, das sie so auf den Ofen legte, daß es etwa ein halbes *cun* vom Feuer entfernt war. Auf diese Weise wird der Duft besonders zart, und es entwickelt sich kein Rauch.

An Buddhahand-Zitronen darf man nicht riechen, wenn man betrunken ist. Tut man es doch, verfaulen sie leicht. Quitten dürfen nicht schwitzen. Falls sie geschwitzt haben, muß man sie mit Wasser abwaschen. Nur in bezug auf die Zitronatzitrone gibt es keine Tabus. Auch dafür, wie man Buddhahand-Zitronen und Quitten aufstellt, gibt es Regeln, die sich aber nicht schriftlich wiedergeben lassen. Wer solche Früchte, die ordentlich aufgestellt sind, einfach in die Hand nimmt, um daran zu riechen, und sie dann achtlos wieder hintut, ist kein Kenner in dieser Sache.

Wenn ich müßig zu Hause war, standen stets Schnittblumen auf dem Tisch. Und Yun sagte: »Mit deinen Blumenarrangements kannst du alles zum Ausdruck bringen: Wind, klares Wetter, Regen und Tau, und man kann dazu sagen ›verfeinert bis zur Vollendung‹. Aber in der Malerei gibt es das Thema ›Blumen und Insekten‹. Warum gestaltest du das nicht nach?«

»Insekten bewegen sich hin und her, ohne sich lenken zu lassen«, sagte ich. »Wie könnte ich das also gestalten?«

»Es gibt eine Methode«, erwiderte Yun. »Nur fürchte ich, es ist eine Sünde, so etwas anzuregen.«

»Sag es mir immerhin!« bat ich.

»Die Insekten verändern im Tod ihr Aussehen nicht«, erläuterte Yun. »Wenn du Gottesanbeterinnen, Zikaden oder Schmetterlinge fängst, sie mit der Nadel totstichst und dann mit feiner Seide am Hals auf einer Blume festbindest und die Beine richtig anordnest, daß sie entweder einen Stengel umklammern oder auf einem Blatt stehen, wird das ganz lebensecht aussehen. Wäre das nicht eine schöne Sache?«

Ich freute mich und machte es so, wie sie gesagt hatte. Jeder, der es sah, nannte es einzigartig. Wenn man heute in den Frauengemächern suchen wollte, würde man wahrscheinlich niemanden finden, der so viel Verständnis hat.

Als ich mit Yun zusammen bei Familie Hua am Xishan wohnte, lernten Huas Frau und seine beiden Töchter bei Yun lesen und schreiben. Auf dem Lande sind die Höfe weit, und die Sommersonne setzt einem unbarmherzig zu. Yun lehrte die Familie, bewegliche Blendschirme aus lebenden Pflanzen anzufertigen, und das Verfahren war ganz wunderbar. Für jeden Schirm brauchte sie zwei Stücken Holz von vier oder fünf *cun* Länge, aus denen sie so etwas wie einen niedrigen Hocker machte, indem sie die Mitte leer ließ und vier Querstücke von ungefähr einem *chi* Länge darauf befestigte. An den vier Ecken bohrte sie runde Löcher, in die sie Einsätze aus Bambusgeflecht steckte. Das Ganze war sechs oder sieben *chi* hoch. In einer Tonschale säte sie Helmbohnen aus und stellte sie in die Mitte des Gestells, und bald rankten die Bohnen rings über den ganzen Schirm. Zu zweit konnte man ihn hin und her tragen. Fertigt man einige solcher Schirme an, kann man sie beliebig verwenden, so als hätte man ein schattiges grünes Fenster. Der Luftzug geht durch, aber die Sonne wird abgehalten. Weil man sie kreuz und quer stellen und jederzeit umsetzen kann, werden sie ›bewegliche Blumenschirme‹ genannt. Man kann dafür alle Arten von duftenden Kletterpflanzen wählen. Für das Leben auf dem Lande läßt sich nichts Praktischeres ersinnen.

Mein Freund Lu Banfang hieß mit persönlichem Namen Zhang und mit Beinamen Chunshan. Er verstand sich gut darauf, Kiefern und Lebensbäume, Aprikosenblüten und Chrysanthemen zu malen, und war versiert darin, die alte Kanzleischrift *lishu* zu schreiben, daneben beherrschte er auch die Kunst des Siegelschneidens. Eineinhalb Jahre lang lebten wir als Gäste in seinem ›Haus der Stille und Frische‹. Das Haus blickte nach Osten und hatte eine Breite von fünf Säulenzwischenräumen, von denen wir drei bewohnten. Bei Tag und Nacht, Wind und Regen hatte man einen weiten Ausblick. Im Hof wuchs ein Duftblütenstrauch, dessen reines Aroma sehr verlockend war. Es gab dort Wandelgänge und Nebengebäude, die Umgebung war friedvoll und gepflegt. Als wir dorthin übersiedelten, hatten wir einen Diener und eine alte Sklavin, die noch eine kleine Tochter mitbrachte. Der Diener konnte nähen und die Sklavin spinnen. Also stickte Yun, die Sklavin spann, der Diener schneiderte, und damit erwarben wir unseren Lebensunterhalt. Ich hatte seit jeher gern Besuch und spielte auch in der kleinsten Runde noch Trinkspiele. Yun hatte ein Talent dafür, Gerichte zuzubereiten, die so gut wie nichts kosteten. Gurken und Blattgemüse,

Fische und Krebse nahmen unter ihren Händen einen ungeahnten Wohlgeschmack an. Meine Freunde wußten, daß ich arm war, und gaben deshalb immer das Geld für den Wein, und dann unterhielten wir uns den ganzen Tag lang. Ich hatte es gern, wenn der Boden sauber war und wenn kein Staub und keine Späne herumlagen. Außerdem war ich sehr dafür, wenn es ungezwungen zuging, und hatte nichts dagegen, wenn man sich gehenließ.

Damals kamen Yang Bufan, mit persönlichem Namen Changxu, der gute Porträts malte, Yuan Shaoyu, mit persönlichem Namen Pei, der als Landschaftsmaler brillierte, und Wang Xinlan, mit persönlichem Namen Yan, der sich auf die Blumen- und Tiermalerei verstand, und die allesamt das ›Haus der Stille und Frische‹ wegen seiner Ruhe und Kultiviertheit liebten, immer mit ihren Malutensilien dorthin, und so lernte ich bei ihnen malen. Ich schrieb Gras- und Siegelschrift und schnitt Stempelsiegel, und den Erlös daraus gab ich Yun, damit sie den Gästen Tee und Wein vorsetzen konnte. Den ganzen Tag lang hatten wir keinen anderen Gesprächsstoff als Gedichte und Bilder. Die Brüder Xia Dan'an und Xia Yishan und die Brüder Miao Shanyin und Miao Zhibai sowie die Herren Jiang Yunxiang, Lu Juxiang, Zhou Xiaoxia, Guo Xiaoyu, Hua Xingfan und Zhang Xianhan kamen und verschwanden ungezwungen wie die Schwalben im Dachgebälk. Ohne ein Wort zu äußern und ohne die Miene zu verziehen, gab Yun ihren Haarpfeil hin, um Wein dafür zu kaufen, denn sie wollte nicht, daß die schönen Tage und die frohen Stunden ungenutzt verrannen. Heute aber sind wir so weit voneinander getrennt wie Wolken, die der Wind auseinandergeblasen hat, und meine geliebte Freundin ist tot und begraben. Die Erinnerung schmerzt so sehr, daß sie kaum zu ertragen ist.

Viererlei war im ›Haus der Stille und Frische‹ verboten: Gespräche über Ernennungen und Versetzungen von Beamten, über aktuelle Vorkommnisse in den Ämtern und über die achtgliedrigen Prüfungsaufsätze, außerdem Karten- und Würfelspiele. Wer dagegen verstieß, mußte zur Strafe fünf *jin* Wein trinken. Viererlei war erwünscht: freimütige Offenheit, unaufdringliche Eleganz, unkonventionelles Betragen und abgeklärtes Schweigen.

Wenn wir an langen Sommertagen sonst nichts zu tun hatten, hielten wir Prüfungen ab. An jeder Prüfung nahmen acht Personen teil, von denen jede zweihundert Bronzemünzen haben mußte. Zuerst wurden Lose gezogen. Wer die Nummer eins zog, wurde der Prüfer und kam auf einen abgesonderten Sitz. Nummer zwei wurde der Kopist und mußte ebenfalls Platz nehmen. Die übrigen wurden die Prüflinge und nahmen sich jeder beim Kopisten einen Streifen Papier, der gesiegelt war. Der Prüfer gab je eine fünfsilbige und eine siebensilbige Zeile vor, die Zeit wurde durch eine Einkerbung an einem Weihrauchstäbchen begrenzt, und wir konnten auf und ab gehen, um nachzudenken. Die Köpfe zusammenzustecken und miteinander zu flüstern war verboten. Wer die Parallelzeilen gebildet hatte, warf seinen Papierstreifen in ein Kästchen und durfte sich dann erst hinsetzen. Nachdem alle

Prüfungspapiere abgegeben waren, öffnete der Kopist das Kästchen und übertrug alles in ein Heft, das er an den Prüfer weiterreichte. Dadurch sollten persönliche Rücksichtnahmen verhindert werden.

Von den insgesamt sechzehn Parallelsatzpaaren wurden drei siebensilbige und drei fünfsilbige ausgewählt. Wer die besten dieser sechs Parallelsatzpaare geschrieben hatte, wurde in der nächsten Runde Prüfer, der Zweitbeste wurde Kopist. Jeder, von dem kein einziges Parallelsatzpaar angenommen wurde, mußte zwanzig Bronzemünzen Strafe zahlen. Denjenigen, von denen ein Parallelsatzpaar angenommen wurde, wurde die Hälfte der Strafe erlassen. Wer die Zeit überschritten hatte, zahlte die doppelte Strafe. Bei jeder Runde nahm der Prüfer hundert Bronzemünzen Spendengelder ein. Bei zehn Runden, die wir an einem Tag abhalten konnten, kamen tausend Münzen zusammen, mehr als genug, um Wein zu kaufen. Yun wurde dabei als Sonderkandidat eingestuft und durfte im Sitzen nachdenken.

Yang Bufan malte ein kleines Bild von mir und Yun mit Blumenschmuck, der Gesichtsausdruck war sehr echt getroffen. In der Nacht war dann schöner Mondschein, der Schatten einer *lan*-Orchidee fiel auf eine getünchte Wand, und das war von einem ganz besonderen Reiz. Wang Xinlan, den der Wein in Stimmung gebracht hatte, sagte nun: »Bufan hat es verstanden, euer Bild zu malen, ich aber kann die Blumenschatten malen.«

»Meinst du, ein Blumenschatten kann so schön sein wie ein Porträt?« fragte ich lachend.

Wang Xinlan breitete ein Blatt Papier auf der Mauer aus und zeichnete mit Tusche den Schatten der Orchidee hier dunkler, dort blasser nach. Als wir uns die Zeichnung bei Tage vornahmen, war es zwar kein Bild geworden, aber die Blüten und Blätter waren locker auf dem Blatt verstreut, und es vermittelte einen Eindruck von Mondschein. Yun schätzte die Zeichnung sehr, und jeder von uns schrieb ein Widmungsgedicht darauf.

In Suzhou gibt es den ›Südgarten‹ und den ›Nordgarten‹. Als die Rapsblüten gelb waren, war es unser großer Kummer, daß es dort nirgends eine Weinstube gab, wo man ein wenig hätte trinken können. Speiseschachteln mitzunehmen und den Wein im Anblick der Blüten kalt zu trinken, hätte keinerlei Reiz gehabt. Jemand schlug vor, in der Nähe nach einer Weinstube zu suchen, ein anderer meinte, wir sollten trinken, wenn wir vom Anschauen der Blüten zurückkämen. Aber das wäre nicht so lustig gewesen, wie beim Betrachten der Blüten warmen Reiswein zu trinken. Während wir noch uneins darüber waren, sagte Yun lächelnd: »Wenn morgen nur jeder der Herren Weingeld beisteuert, werde ich für ein Öfchen mit Feuer sorgen.«

»Einverstanden!« sagten alle.

Als sie fort waren, fragte ich: »Willst du wirklich selbst da mitgehen?«

»Nein«, sagte Yun. »Ich habe gesehen, daß es Händler auf dem Markt gibt, die heiße Suppe mit gekochten Teigtäschchen verkaufen. An ihrer Tragstange tragen sie alles, was man braucht – Öfchen,

Töpfe und so weiter. Warum sollte man nicht so einen Suppenhändler mieten und dorthin mitnehmen? Ich bereite alles vor, und wenn ihr dort seid, braucht man es nur noch in den Topf zu geben. So habt ihr es bequem mit Wein und mit Tee.«

»Für die Zuspeisen zum Wein ist so wirklich gesorgt«, sagte ich. »Aber wie sollen wir den Tee kochen?«

»Ihr nehmt eine Tonkanne mit, steckt eine Eisengabel durch den Henkel und hängt sie daran über das tragbare Öfchen, nachdem der Suppentopf herunter ist. Dann wird Reisig aufgelegt und Tee gekocht. Ist das etwa nicht bequem?«

Ich klatschte in die Hände und lobte den Einfall.

In der Straße wohnte ein gewisser Bao, der vom Suppenhandel lebte. Für hundert Bronzemünzen mietete ich seine Gerätschaften und verabredete mich mit ihm für den Nachmittag des nächsten Tages. Bao erklärte sich bereitwillig mit allem einverstanden. Als am nächsten Tag die Ausflugsteilnehmer da waren, erklärte ich ihnen die Sache, und sie waren alle voller Lob und Bewunderung. Nach dem Essen gingen wir gemeinsam los und nahmen Matten und Kissen mit. Im ›Südgarten‹ angekommen, suchten wir uns eine Stelle im Schatten der Weiden, wo wir uns im Kreis niederlassen konnten. Zuerst kochten wir Tee, und als wir ihn zu Ende getrunken hatten, machten wir Reiswein heiß und bereiteten die Speisen zu. Der Wind war lau, die Sonne strahlte, die Felder blühten goldgelb, auf den Rainen dazwischen bewegten sich Menschen in dunklen und bunten Gewändern hin und her,

柳蔭垂釣
丁卯春日
少泉昭基合作
於北京

Der Alte von nebenan machte uns Angelruten,
und dann angelten Yun und ich,
tief im Schatten der Weiden versteckt. (Seite 43)

Schmetterlinge und Bienen flogen durch die Luft — davon wurde man auch ohne zu trinken schon berauscht. Als dann nach kurzer Zeit der Reiswein warm und die Speisen gar waren, setzten wir uns nieder und langten kräftig zu. Da der Suppenhändler ganz und gar nicht vulgär war, zogen wir ihn zu uns auf die Matte und ließen ihn mittrinken. Alle Spaziergänger, die uns so sahen, beneideten uns wegen des ungewöhnlichen Einfalls. Als nach dem Mahl die Becher und Teller in wüstem Durcheinander herumstanden, waren wir alle in fröhlicher Weinlaune. Die einen saßen, die anderen lagen, der eine sang, der andere pfiff.

Als die rote Sonne schon untergehen wollte, hatte ich Appetit auf nüchterne Reissuppe, und gleich ging der Suppenhändler Reis kaufen und kochte sie mir. So kamen wir satt nach Hause zurück.

»Hat der heutige Ausflug Spaß gemacht?« fragte Yun.

»Ohne Eure Anstrengung wäre uns das nicht gelungen«, sagten alle, und lachend gingen wir auseinander.

Ein armer Gelehrter sollte sich in den tagtäglichen Dingen — Kleidung, Essen, Hausrat und Wohnung — sparsam, aber reinlich und ordentlich zeigen. Um zu sparen, muß man ›jede Sache an und für sich betrachten‹. Ich trank gern ein wenig, hielt aber nichts von vielem Essen. Deshalb beschaffte Yun einen Behälter in Form einer Aprikosenblüte. Sie nahm sechs tiefe weiße Porzellantellerchen von zwei *cun* Durchmesser, von denen sie eins in die

Mitte und fünf rundherum stellte, und vollendet wurde das Ganze mit grauem Lack. So entstand die Aprikosenblütenform. Unterteil wie auch Deckel hatten am Rand einen Falz. Oben hatte der Deckel einen Griff, der aussah wie ein Blütenkelch. Stellte man diesen Behälter auf den Tisch, meinte man, eine mit Tusche gezeichnete Aprikosenblüte vor sich zu haben. Öffnete man den Deckel und sah hinein, dann schien das Essen in die Blütenblätter dieser Blüte gefüllt zu sein. Ein Behälter mit sechs Gerichten war genug, damit zwei oder drei gute Freunde nach Belieben essen konnten. War das Essen alle, konnte man wieder nachfüllen. Außerdem fertigten wir uns ein rundes Tablett mit niedrigem Rand an, um Becher, Eßstäbchen, Weinkanne und dergleichen darauf zu tun. Man konnte es nach Belieben irgendwo hinstellen, und es war auch bequem hin und her zu räumen. Soviel zur Sparsamkeit beim Essen.

Meine Käppchen, meine Kragen und meine Strümpfe fertigte Yun selbst an. Abgetragene Kleider wurden eins mit dem anderen geflickt, aber alles war ordentlich und sauber. Die Farben wählte ich stets fahl, um Schmutzspuren zu vermeiden. Darin konnte ich sowohl Besuche machen als auch zu Hause bleiben. Soviel zur Sparsamkeit bei der Aufmachung.

Als wir eben im ›Haus der Stille und Frische‹ eingezogen waren, mißfiel es uns, daß es dort sehr dunkel war. Deshalb beklebten wir die Wände mit weißem Papier, und daraufhin war es hell. In den Sommermonaten nahmen wir im Untergeschoß die

Fenster heraus, doch da es kein Geländer gab, wirkte die Öffnung kahl und ungeschützt.

»Es sind alte Türvorhänge aus Bambus da, warum wollen wir sie nicht anstatt eines Geländers anbringen?« schlug Yun vor.

»Wie das?« fragte ich.

»Wir brauchen nur ein paar Bambusstangen von schwarzer Farbe und nehmen eine senkrecht und eine waagerecht, so daß ein Durchgang bleibt. Dann schneiden wir eine Hälfte von dem Türvorhang ab und tun sie über die querliegende Bambusstange, so daß sie bis auf die Erde hängt und oben in Tischhöhe abschließt. Dazwischen kommen senkrecht vier kurze Bambusstangen, an denen der Türvorhang mit Hanfgarn festgenäht wird. Zum Schluß wird die Querstange, über der die Vorhanghälfte liegt, in einen Streifen schwarzen Baumwollstoff eingenäht, den wir sicher irgendwo finden. So erhalten wir einen Blickfang, der gut aussieht und doch nichts kostet.« Dies ist ein Beispiel, wie jede Sache an und für sich betrachtet werden kann. Die Alten hatten wirklich recht, wenn sie sagten: ›Auch Bambusreste und Sägespäne erfüllen noch einen Zweck.‹

Wenn die Lotosblüten im Sommer gerade erblüht sind, schließen sie sich am Abend und gehen am Morgen auf. Yun pflegte ein wenig Tee in ein Gazebeutelchen zu füllen und diesen dann in eine Blüte zu legen. Nahm sie ihn am nächsten Morgen heraus und brühte ihn mit Wasser aus der ›Himmelsquelle‹ auf, so war das Aroma von unübertrefflicher Feinheit.

III
Vom Schmerz der Heimsuchungen

Warum entgeht der Mensch nicht den Heimsuchungen des Lebens? Im allgemeinen wegen der eigenen Sünden. Auf mich aber trifft das nicht zu. Ich war gefühlvoll und machte keine leichtfertigen Versprechungen, außerdem war ich offenherzig und ungezwungen. So wurde ich in vieles mit hineingezogen. Außerdem war auch mein Vater, Herr Jiafu, großzügig und edelgesonnen. Die Fälle, daß er fremder Leute Not linderte, fremder Leute Sachen erledigte, fremder Leute Töchter verheiratete und fremder Leute Kinder großzog, lassen sich wirklich nicht an den Fingern abzählen. Mit dem Geld warf er nur so um sich, aber meist nur für andere Leute. Solange ich mit Yun in meinem Elternhaus lebte, mußten wir, wenn wir einmal Geld brauchten, notgedrungen etwas verpfänden. Zu Anfang konnten wir die Lücken noch stopfen, indem wir woanders ein Loch rissen, in der Folge aber reichte es hinten und vorne nicht. Dabei heißt es im Sprichwort: ›Zu Hause wie im geselligen Umgang kommt man ohne Geld nicht aus.‹ Zuerst begannen die Niedrigdenkenden über uns zu reden, allmählich aber zogen wir uns auch den Spott der eigenen Verwandtschaft zu. ›Tugendhaft ist eine Frau ohne besondere Talente‹ — dieser uralte Spruch ist nur zu wahr!

Ich war zwar der älteste Sohn der Familie, aber weil ich der Drittgeborene war, wurde Yun von hoch und niedrig ›dritte junge Frau‹ genannt, später begann man sie plötzlich ›dritte gnädige Frau‹ zu nennen, zuerst nur im Scherz, aber dann wurde es zur Gewohnheit, und Edle wie Gemeine, Alte wie Junge nannten sie so. War dies das erste Vorzeichen der Veränderungen in unserer Familie?

Im zweiundvierzigsten Jahr des Sechzigerzyklus in der Ära Qianlong, als ich meinem Vater in der Gebietsverwaltung von Haining zur Hand ging, schickte mir Yun in den Familienbriefen kleine Briefchen mit. Daraufhin sagte mein Vater: »Wenn deine Frau mit Schreibpinsel und Tusche umzugehen versteht, kann sie für deine Mutter die Familienkorrespondenz führen.« Später gab es irgendein Gerede in der Familie, und meine Mutter, die annahm, Yun sei wegen einer unrichtigen Mitteilung die Urheberin, ließ sie nun nicht mehr für sich schreiben. Als mein Vater bemerkte, daß die Briefe nicht mehr von Yun geschrieben wurden, fragte er mich: »Ist deine Frau krank?« Ich schrieb sofort einen Brief und erkundigte mich, bekam aber keine Antwort. Allmählich wurde mein Vater böse und sagte schließlich: »Mir scheint, deine Frau ist sich zu gut, um für deine Mutter die Briefe zu schreiben.« Als ich später nach Hause kam, erfuhr ich den wahren Grund und wollte das Mißverständnis ausräumen, aber Yun hinderte mich sofort daran und sagte: »Lieber lasse ich mich von meinem Schwiegervater tadeln, als daß ich mich bei meiner Schwiegermutter unbeliebt mache.« Und so blieb der Vorwurf auf ihr sitzen.

Im Frühjahr des siebenundvierzigsten Jahres des Sechzigerzyklus ging ich meinem Vater zur Hand, als er Sekretär in Hanjiang war. Ein Kollege von ihm, der Yu Futing hieß, hatte seine Familienangehörigen dorthin mitgenommen. Zu ihm sagte mein Vater: »Mein ganzes Leben lang erdulde ich Ungemach, meist bin ich irgendwo als Gast. Ich hätte gern jemand, der sich um mein tägliches Wohl sorgt, kann aber niemand finden. Wenn mein Sohn Verständnis für mich hätte, würde er in unserer Heimat jemand suchen, so daß mich jemand umgibt, dessen Redeweise mir vertraut wäre.«

Yu Futing erzählte mir die Sache, und ich schrieb heimlich an Yun, die die Vermittlung übernehmen und jemanden auswählen sollte. Sie gewann ein Mädchen aus einer Familie Yao, aber da sie sich des Erfolges nicht sicher war, ließ sie meiner Mutter gegenüber nicht gleich etwas verlauten. Als das Mädchen kam, gab sie vor, es sei ein Mädchen aus der Nachbarschaft, das eine Vergnügungsfahrt machen wolle. Nachdem mir dann mein Vater befohlen hatte, das Mädchen zu empfangen und zu ihm ins Amt zu bringen, ließ sich Yun von Außenstehenden bereden und behauptete, das Mädchen habe meinem Vater schon lange gefallen. Als meine Mutter die Wahrheit erfahren hatte, fragte sie: »Ich denke, das ist ein Mädchen aus der Nachbarschaft, das eine Vergnügungsfahrt machen wollte. Wieso hat er sie jetzt geheiratet?« So verlor Yun auch die Zuneigung ihrer Schwiegermutter.

Im Frühling des neunundvierzigsten Jahres des Sechzigerzyklus, als ich zu Gast in Zhenzhou war, erkrankte mein Vater in Hanjiang. Ich fuhr zu ihm und wurde ebenfalls krank. Mein jüngerer Bruder Qitang war um diese Zeit gleichfalls dort, um meinem Vater zur Hand zu gehen. Da kam ein Brief von Yun, in dem es hieß: ›Dein Bruder Qitang hat von einer Nachbarin Geld geborgt und hat mich gebeten, für ihn zu bürgen. Jetzt drängt die Frau ungeduldig auf Rückzahlung.‹ Als ich Qitang danach fragte, stellte er die Sache so dar, als kümmere sich Yun um Dinge, die sie nichts angingen. So schrieb ich als Nachsatz unter meinen Brief: ›Vater und Sohn sind beide krank. Geld, um die Schulden zu bezahlen, habe ich nicht. Warte, bis Qitang zurückkommt und sich selbst überlegt, was zu tun ist.‹

Bald darauf waren wir wieder gesund, und ich kehrte nach Zhenzhou zurück. Inzwischen kam der Antwortbrief von Yun, den mein Vater öffnete und las. In dem Brief war wieder von Qitangs Schulden bei der Nachbarin die Rede, außerdem stand darin: ›Deine Mutter glaubt, daß die Krankheit des alten Herrn nur auf seine Nebenfrau Yao zurückzuführen ist. Wenn es ihm etwas besser geht, mußt Du der Yao heimlich sagen, sie solle Heimweh vorschützen und sich von ihren Eltern aus Yangzhou abholen lassen. Auf diese Weise könnten sich beide Seiten von der Verantwortung befreien.‹

Als mein Vater den Brief gelesen hatte, war er sehr zornig. Er nahm Qitang wegen der Schulden ins Verhör, doch Qitang wies jeden Verdacht von sich. Daraufhin schrieb mein Vater mir einen Brief, in dem er mitteilte: ›Deine Frau hat sich hinter Deinem Rücken Geld geliehen und verleumdet Deinen Bruder. Außerdem nennt sie die Schwiegermutter ›Deine Mutter‹ und den Schwiegervater ›den alten Herrn‹. Das verstößt zutiefst gegen alles, was sich ziemt. Ich habe bereits einen Boten mit einem Brief nach Suzhou geschickt und befohlen, sie hinauszuwerfen. Wenn Du auch nur eine Spur von Gewissen hast, wirst Du begreifen, worin Dein Fehler besteht.‹

Dieser Brief traf mich wie ein Blitz aus heiterem Himmel. Ich schrieb sofort eine respektvolle Erwiderung, in der ich mich schuldig bekannte, und beschaffte mir ein Pferd, mit dem ich schleunigst nach Hause eilte, weil ich befürchtete, Yun könnte sich etwas antun. Zu Hause erklärte ich, wie sich die Sache zugetragen hatte, aber dann kam der Diener mit dem Brief meines Vaters, in dem Yuns sämtliche Fehler mit scharfen Worten getadelt wurden. Weinend sagte Yun: »Ich habe wirklich unpassende Ausdrücke gebraucht, aber der Schwiegervater sollte einer Frau ihre Unwissenheit verzeihen.«

Ein paar Tage später kam wieder eine schriftliche Anweisung meines Vaters: ›Ich will nicht zu hart sein. Du kannst mit Deiner Frau woanders wohnen, damit ich Euch nicht zu sehen brauche. Es kommt mir nur darauf an, daß ich mich nicht über Euch ärgern muß.‹

Yun hätte also in ihr Elternhaus zurückkehren müssen, aber ihre Mutter war tot und ihr jüngerer Bruder fortgegangen, und von ihrer Familie abhängig sein wollte sie nicht. Glücklicherweise erfuhr mein Freund Lu Banfang von der Sache und hatte Mitleid mit uns. Er lud uns ein, in seinem ›Haus der Stille und Frische‹ zu wohnen. Zwei Jahre später hatte mein Vater allmählich den wahren Sachverhalt erfahren. Als ich eben von südlich der Fünf Bergketten zurückkam, erschien er persönlich im ›Haus der Stille und Frische‹ und sagte zu Yun: »Ich weiß, wie sich alles zugetragen hat. Warum kommt ihr nicht nach Hause?«

Wir kehrten mit Freuden in unser altes Heim zurück, und die Familie war wieder vereint. Wer konnte ahnen, daß sich der Umgang mit Hanyuan als Sünde erwies!

Yun litt unter unregelmäßigen Blutungen, einer Folge des übergroßen Schmerzes um ihren jüngeren Bruder Kechang, der von zu Hause fortgelaufen war, woraufhin ihre Mutter, Frau Jin, vor Kummer krank wurde und starb. Nachdem Yun mit Hanyuan bekannt geworden war, trat das Leiden über ein Jahr lang nicht mehr auf, und ich war glücklich, daß sie in der Freundschaft so eine gute Medizin gefunden hatte. Aber dann nahm ein Mächtiger Hanyuan für sich, zahlte eine Brautgabe von eintausend *liang* Silber und versprach, für ihre Mutter zu sorgen. Und so gehörte die Schöne einem Schadschari. Ich wußte es bereits, wagte aber nicht, Yun davon zu erzählen. Erst als Yun hinging, um sie zu besuchen, erfuhr sie es. Sie kam dann schluchzend zurück und sagte zu mir: »Das hätte ich nicht gedacht, daß Hanyuan so gefühllos ist.«

»Du selbst bist eine Gefühlsnärrin«, sagte ich. »Was für Gefühle erwartest du von einem Menschen wie ihr? Außerdem hätte sie, die an schöne Kleider und gutes Essen gewöhnt ist, sich sowieso nicht mit unseren ärmlichen Verhältnissen abfinden können. Da ist es schon besser, daß aus unserer Verbindung nichts geworden und uns nachträgliche Enttäuschung erspart geblieben ist.«

Immer wieder tröstete ich sie, aber sie war so verärgert darüber, betrogen worden zu sein, daß ihre Blutungen verstärkt wieder einsetzten. Sie wurde bettlägerig, und kein Arzt konnte ihr helfen. Die Krankheit trat mal auf und setzte mal aus, unterdessen magerte Yun zum Gerippe ab. Nach wenigen Jahren waren wir mit der Bezahlung unserer Schulden immer mehr in Verzug geraten, und Spott und Gerede brachen nicht ab. Außerdem wuchs die Abneigung meiner Eltern von Tag zu Tag, die es Yun verübelten, daß sie die Schwurschwester eines Freudenmädchens geworden war. Ich aber stand zwischen ihnen und versuchte zu vermitteln. Das war mehr, als ein Mensch ertragen kann.

Yun hatte eine Tochter geboren, die Qingjun hieß und die um diese Zeit vierzehn Jahre alt war. Sie war sehr belesen, tugendhaft und tüchtig, versetzte ihre Haarpfeile und Kleider und lebte glücklich mit uns trotz der Schwierigkeiten und Mühen.

喬裝改扮
少泉昭基
合作於北京

Yun nahm einen Spiegel,
betrachtete sich darin und lachte unbändig,
ohne wieder aufzuhören. (Seite 46)

Unser Sohn hieß Fengsen. Er war um diese Zeit zwölf Jahre alt und wurde von einem Lehrer unterrichtet. Da ich jahrelang keine Stelle hatte, richtete ich zu Hause einen Laden für Kalligraphien und Bilder ein, aber die Einnahmen von drei Tagen reichten nicht aus, um die Ausgaben eines Tages zu bestreiten. Wir lebten in ständigen Sorgen und Nöten und brachen an den Zeitumständen fast zusammen. Im strengsten Winter hatte ich keine Pelzkleidung, aber ich biß die Zähne zusammen und stand es durch. Auch Qingjun zitterte in ihren ungefütterten Kleidern, sagte aber trotzdem: »Mir ist nicht kalt.« Daraufhin schwor Yun, auf Arzt und Medikamente zu verzichten.

Als Yun eben einmal aufstehen konnte, kam mein Freund Zhou Chunxu von seiner Sekretärsstelle beim Prinzen Fu zurück und suchte jemanden, der für ihn das *Herz-Sutra* stickte. Yun glaubte, durch das Sticken eines Sutras könne sie das Unheil vertreiben und Glück erlangen, außerdem lockte sie die reiche Bezahlung, darum nahm sie die Arbeit an. Aber Zhou Chunxu hatte es eilig fortzukommen, und weil er nicht länger warten konnte, stellte Yun die Stickerei innerhalb von zehn Tagen fertig. Schwach wie sie war, bewirkte die Überanstrengung, daß ihre Kreuzschmerzen und Schwindelanfälle zunahmen. Wer hätte gedacht, daß Buddha mit jemandem, dem ein unglückliches Schicksal beschieden war, kein Mitleid hat! Nach dem Sticken des Sutras war Yun kränker als je zuvor. Weil sie bald nach Wasser, bald nach Suppe rief, war hoch und niedrig ihrer überdrüssig.

Das Haus neben meinem Bilderladen hatte ein Geldverleiher aus dem Westen gemietet, der von den eingenommenen Zinsen lebte. Von Zeit zu Zeit bat er mich, etwas für ihn zu malen, dadurch war ich mit ihm bekannt. Mein Freund X lieh sich fünfzig *liang* Silber von ihm und bat mich, für ihn zu bürgen. Auf Grund unserer Freundschaft konnte ich es schlecht abschlagen, und deshalb stimmte ich zu. Aber X machte sich mit dem Geld aus dem Staube. Also hielt sich der Geldverleiher an mich als den Bürgen und kam immer wieder, um mich zur Rede zu stellen. Anfangs konnte ich ihm noch mit Pinsel und Tusche Entschädigung leisten, allmählich aber besaß ich nichts mehr, womit ich die Schuld abtragen konnte. Als zum Jahresende mein Vater zu Hause war, kam der Geldverleiher wieder einmal, um sein Geld zu fordern, und brüllte am Tor herum. Mein Vater erfuhr von der Sache, ließ mich zu sich rufen und schalt: »Wir sind eine Familie beamteter Gelehrter, wie können wir einem gemeinen Mann Geld schuldig bleiben?!«

Gerade während dieser Auseinadersetzung kam ein Bote von den Huas am Xishan, dessen Herrin von klein auf Yuns Schwurschwester war und die jetzt von ihrer Krankheit erfahren hatte und sich deshalb nach ihr erkundigen wollte. Mein Vater nahm irrtümlich an, es sei ein Bote von Hanyuan, darum geriet er noch mehr in Zorn und sagte: »Deine Frau hält die Regeln des weiblichen Wohlverhaltens nicht ein und verschwistert sich mit einer Hure, und auch du tust dich wahllos mit dem Pöbel zusammen, anstatt danach zu streben, würdigen

Männern nachzueifern. Ich würde es nicht ertragen, dich dem Tode auszuliefern, darum setze ich dir eine Frist von drei Tagen, und in dieser Zeit sollst du zusehen, wie du selbst für dich sorgen kannst. Wenn du diese Frist überschreitest, zeige ich dich wegen Unbotmäßigkeit an.«

Als Yun davon erfuhr, sagte sie weinend: »Daß deine Eltern so wütend sind, ist nur meine Schuld. Du würdest es sicher nicht ertragen, wenn ich stürbe und du am Leben bliebest. Und wenn ich hierbleiben wollte, während du fortgingest, würdest du das auch nicht über dich bringen. Darum wollen wir heimlich den Boten der Huas herrufen, und ich überwinde mich und stehe auf, um mit ihm zu sprechen.«

Auf Qingjun gestützt, ging sie ins äußere Zimmer und ließ den Boten der Huas rufen, um ihn dann zu fragen: »Hat deine Herrin dich extra hergeschickt, oder bist du gekommen, weil es am Wege lag?«

»Meine Herrin hatte schon vor längerer Zeit erfahren, daß Ihr krank seid, und wollte eigentlich selber kommen, um Euch zu besuchen. Aber weil sie noch nie in Eurem Haus gewesen ist, wollte sie es nicht überstürzen. Beim Abschied hat sie mir aufgetragen, Euch folgendes zu bestellen: Wenn Euch das Leben auf dem Lande nicht zu primitiv dünkt, solltet Ihr unbedenklich zu uns kommen, um Euch zu erholen und um wahr zu machen, was in den Kindertagen im Lampenschein versprochen worden ist.«

Als Yun nämlich noch mit Huas Frau zusammen gestickt hatte, hatten sie geschworen, daß sie bei Krankheit einander beistehen wollten.

»Ich muß dich bitten, schnellstens zurückzukehren und deiner Herrin zu bestellen, sie möchte uns in zwei Tagen heimlich ein Boot schicken«, trug Yun dem Boten auf. Und als der Bote gegangen war, sagte sie zu mir: »Meine Schwurschwester steht mir näher als eine leibliche Verwandte, deshalb kannst du unbesorgt mitkommen, wenn du möchtest. Nur die Kinder können wir nicht gut mitnehmen, aber sie hierzulassen und deinen Eltern aufzubürden geht auch nicht. Darum müssen wir sie innerhalb der nächsten zwei Tage irgendwo unterbringen.«

Ich hatte einen Vetter namens Wang Jinchen, der Qingjun gern als Braut für seinen Sohn Yunshi haben wollte. Yun sagte dazu: »Wie ich erfahren habe, ist Wangs Sohn feige und untüchtig und nur eben fähig, das Vorhandene zu bewahren, obwohl die Wangs auch nichts haben, was er bewahren könnte. Aber glücklicherweise ist es eine Gelehrtenfamilie, und er ist der einzige Sohn. Darum können wir wohl zustimmen.«

Also sagte ich zu Wang Jinchen: »Mein Vater ist dein Onkel mütterlicherseits, und es gibt keinen Grund, dir Qingjun als Schwiegertochter zu verweigern. Aber die Umstände erlauben uns nicht, zu warten, bis sie groß geworden ist, und sie dann zu verheiraten. Sobald ich mit meiner Frau zum Xishan abgereist bin, mußt du sofort mit meinen Eltern sprechen und Qingjun als Kinderbraut ins Haus nehmen. Was meinst du dazu?«

Freudig erwiderte Wang Jinchen: »Ich werde mich daran halten wie an einen Befehl.«

Fengsen vertraute ich meinem Freund Xia Yishan an, damit er ihn als Lehrjungen an einen Händler vermittelte.

Als alles geregelt war, traf auch schon das Boot der Huas ein. Das war am 25. Tag des 12. Monats des siebenundfünfzigsten Jahres des Sechzigerzyklus.

»Wenn wir so aus dem Haus gehen, werden die Nachbarn vermutlich nicht nur über uns lachen, nein, sie werden uns wahrscheinlich nicht einmal fortlassen, weil wir diese Schuld nicht bezahlt haben«, sagte Yun. »Wir müssen morgen früh in der fünften Nachtwache in aller Stille gehen.«

»Willst du dich trotz deiner Krankheit der Morgenkälte aussetzen?« fragte ich.

»Leben und Tod sind vom Schicksal bestimmt«, antwortete Yun. »Wozu unnötig darüber nachdenken?«

Heimlich teilte ich meinem Vater unseren Entschluß mit, und auch er hielt es so für das beste. Am Abend brachte ich zuerst unsere halbe Traglast Gepäck auf das Boot und ließ Fengsen früh zu Bett gehen. Qingjun weinte an Yuns Seite und Yun sagte ihr: »Deiner Mutter ist ein hartes Geschick vorherbestimmt, und außerdem ist sie eine Gefühlsnärrin, dadurch sind wir in diese Notlage geraten. Glücklicherweise ist dein Vater sehr gut zu mir, darum mußt du dir keine Gedanken machen, wenn wir jetzt fortgehen. In zwei oder drei Jahren können wir es bestimmt so einrichten, daß wir alle wieder beisammen sind. In deiner zukünftigen Familie mußt du dich benehmen, wie es sich für eine Frau gehört, und darfst nicht werden wie deine Mutter. Deine Schwiegereltern sind glücklich, daß sie dich bekommen, und werden bestimmt gut zu dir sein. Alles, was wir hier in Truhen und Körben zurücklassen, sollst du dorthin mitnehmen. Dein Bruder ist noch klein, darum haben wir ihn nichts von der Trennung wissen lassen. Wenn wir fortgehen, sagen wir ihm, daß ich einen Arzt aufsuche und in ein paar Tagen wiederkomme. Nachdem wir weit genug weg sind, kannst du ihm die Wahrheit sagen. Und im übrigen könnt ihr euch an den Großvater wenden.«

Eine alte Frau war bei uns, dieselbe, deren Haus wir einmal für den Sommer gemietet hatten, wie ich in einem früheren Kapitel erzählt habe. Sie wollte uns aufs Land begleiten, darum war sie jetzt bei uns. Ununterbrochen wischte sie sich die Tränen ab.

Als die fünfte Nachtwache anbrach, machten wir nüchterne Reissuppe warm, um sie gemeinsam zu essen. Yun zwang sich zu einem Lächeln und sagte: »Damals haben wir uns mit Reissuppe gefunden, heute trennen wir uns mit Reissuppe. Wenn man ein Rührstück über uns schreiben wollte, könnte man es *Die Geschichte vom Reissuppeessen* nennen.«

Fengsen, der uns gehört hatte und ebenfalls aufgestanden war, fragte verschlafen: »Was macht Ihr, Mutter?«

»Mutter geht zum Arzt«, sagte Yun.

»Und warum seid Ihr so früh aufgestanden?« fragte er.

»Weil der Weg weit ist«, antwortete Yun. »Du

bleibst mit deiner Schwester schön zu Hause und ärgerst die Großmutter nicht. Vater und ich gehen gemeinsam, und in ein paar Tagen kommen wir zurück.«

Als zum drittenmal der Hahn krähte, stützte Yun sich weinend auf die Alte, doch kaum hatte sie die Hintertür geöffnet und wollte hinausgehen, da heulte Fengsen plötzlich laut auf und sagte: »Ach, Mutter kommt nicht zurück!«

Qingjun hatte Angst, er könnte jemanden aufwekken, darum legte sie ihm rasch die Hand auf den Mund und versuchte, ihn zu trösten. Uns beiden aber zerriß es das Herz, wir konnten ihm nichts mehr sagen und baten ihn nur, nicht zu weinen. Dann schloß Qingjun die Tür hinter uns. Nachdem Yun sich ein paar Dutzend Schritte zur Gasse hinaus gequält hatte, war sie schon so erschöpft, daß sie nicht weitergehen konnte. Also ließ ich die Alte die Laterne nehmen und trug Yun auf dem Rücken. Kurz bevor wir am Boot anlangten, wären wir beinahe von der Nachtwache ergriffen worden. Glücklicherweise gab die Alte Yun als ihre kranke Tochter und mich als ihren Schwiegersohn aus. Außerdem hatten uns die Bootsleute, die alles Knechte der Huas waren, schon gehört, kamen uns entgegen und halfen uns ins Boot. Als die Taue gelöst waren, fing Yun schließlich laut zu weinen an. Die Reise wurde für Mutter und Sohn wirklich zur Trennung für immer.

Hua hieß mit persönlichem Namen Dacheng und wohnte am Donggaoshan-Berg in Wuxi in einem dem Berg zugewandten Haus. Er lebte vom Ackerbau und war ein schlichter und aufrichtiger Mensch. Seine Frau, die den Familiennamen Xia trug, war Yuns Schwurschwester. Wir kamen am selben Tag erst um die Wende der Doppelstunden *wu* und *wei* bei ihnen an. Huas Frau stand wartend am Tor und kam mit ihren beiden Töchtern ans Boot, wo es ein frohes Wiedersehen gab. Huas Frau half Yun am Ufer empor und nahm uns freundschaftlich bei sich auf. Aus allen Nachbarhäusern kamen die Frauen und die Kinder aufgeregt zusammengelaufen, umringten Yun und staunten sie an. Die einen stellten ihr Fragen, die anderen bemitleideten sie, und alle steckten die Köpfe zusammen und tuschelten miteinander.

»Heute geht es mir wirklich so wie dem Fischer, als er zum Pfirsichblütenquell kam«, sagte Yun zu Huas Frau.

»Mach dich nicht lustig über uns, Schwester«, erwiderte Huas Frau. »Die Dörfler haben wenig gesehen und wundern sich über vieles.«

So begingen wir friedlich die Jahreswende, und zum Laternenfest, als nur zwanzig Tage vergangen waren, konnte Yun schon wieder aufstehen und umhergehen. An diesem Abend sahen wir uns auf dem Dreschplatz die Drachenlaternen an, und allmählich gewann Yun ihre frühere Haltung und ihren gewohnten Gesichtsausdruck zurück. Da wurde auch ich wieder ruhiger und beratschlagte unter vier Augen mit ihr: »Es hat keinen Sinn, wenn ich hierbleibe. Ich möchte weggehen, weiß aber nicht, wovon ich die Reisekosten bestreiten soll. Was meinst du?«

»Ich habe mir auch schon Gedanken gemacht«, antwortete Yun. »Dein Schwager Fan Huilai ist jetzt Kassenverwalter beim Salzinspektor in Jingjiang. Vor zehn Jahren hat er sich zehn *liang* Silber bei dir geborgt. Da wir nicht genug Geld hatten, habe ich damals meinen Haarpfeil verpfändet, um die Summe zusammenzubringen. Erinnerst du dich?«

»Ich hatte es vergessen«, sagte ich.

»Wie ich erfahren habe, ist es nicht weit bis Jingjiang«, fuhr Yun fort. »Warum willst du nicht zu ihm gehen?«

Ich hielt mich an ihre Worte. Das Wetter war damals recht mild, und in meinem langen Obergewand aus Samt und einer halblangen Jacke aus dünnem Wollstoff darüber war mir warm. Das war am 16. Tag des 1. Monats des achtundfünfzigsten Jahres des Sechzigerzyklus. In der Nacht schlief ich in einer Herberge am Xishan, wo ich mir eine Decke ausleihen mußte, um mich zuzudecken.

Morgens stand ich früh auf und fuhr mit einem Boot nach Jiangyin. Auf der ganzen Strecke hatten wir Gegenwind, schließlich begann es zu nieseln. Als wir am Abend in Jiangyin den Changjiang erreichten, schnitt mir die Frühlingskälte in die Knochen. Um mich aufzuwärmen, kaufte ich mir heißen Reiswein, und nun waren meine Taschen leer. Die ganze Nacht über war ich unschlüssig, was ich tun sollte. Ich dachte daran, mein Untergewand zu verpfänden, um die Überfahrt bezahlen zu können. Am 19. wehte der Nordwind noch heftiger, und es fiel dichter Schnee. Unwillkürlich begann ich vor Verzweiflung zu weinen. Im stillen überrechnete ich die Übernachtungskosten und das Fährgeld und wagte nicht mehr zu trinken.

Während ich so verzweifelt und frierend dasaß, sah ich plötzlich einen alten Mann in die Herberge treten, der Sandalen aus Stroh und eine Kopfbedekkung aus Filz trug und ein gelbes Bündel auf dem Rücken hatte. Er blickte mich an, als würde er mich kennen.

»Sind Sie nicht Cao aus Taizhou?« fragte ich.

»Der bin ich«, antwortete er. »Und ohne Euch würde ich längst irgendwo tot in der Wildnis liegen. Auch meine Tochter ist wohlauf und lobt Euch immer wieder für Eure Güte. Ich hätte nicht gedacht, daß wir uns heute wiedersehen. Was hält Euch hier fest?«

Diesen Cao kannte ich aus Taizhou, wo ich einmal Sekretär gewesen war. Er war ein völlig unbedeutender Mann, hatte aber eine schöne Tochter, die schon verlobt war. Irgendein Mächtiger hatte Cao Geld geliehen, um auf diese Weise die Tochter in seinen Besitz zu bringen. Es war zu einem Prozeß gekommen, und ich war Cao behilflich gewesen und hatte vermittelt, wodurch die Tochter zu ihrem Verlobten zurückkam. Der alte Cao, der dann als Amtsdiener bei der Behörde eingetreten war, hatte mir fußfällig gedankt. Jetzt erklärte ich ihm, daß ich zu einem Verwandtenbesuch unterwegs und dabei vom Schnee überrascht worden sei.

»Wenn es morgen früh hell wird, werde ich Euch begleiten«, sagte Cao. »Es liegt ja am Wege.« Dann holte er Geld hervor, kaufte Wein und sorgte sehr herzlich für mich.

Vorn im Boot hatten wir keine Laterne,
und so tranken wir fröhlich im Mondschein. (Seite 51)

Als am 20. die Morgenglocke zum erstenmal geschlagen wurde, hörte ich, wie vom Fluß her der Ruf des Fährmanns erklang. Erschrocken rief ich Cao an, damit wir gemeinsam übersetzten. Er aber sagte: »Nur keine Eile! Es ist besser, wenn wir uns satt ins Boot setzen.«

Dann bezahlte er die Übernachtungskosten und die Zeche für mich und zog mich mit sich hinaus, um ein Frühstück zu kaufen. Aber da ich schon mehrere Tage hier festsaß, hatte ich es eilig, den Fluß zu überqueren, und konnte nichts essen. Mit Gewalt zwang ich mir zwei Sesambrötchen hinunter.

Als wir ins Boot stiegen, stach der Wind auf dem Fluß wie mit Pfeilen, und ich zitterte am ganzen Leibe. »Wie ich gehört habe, hat sich in Jingjiang jemand aus Jiangyin aufgehängt, und seine Frau hat dieses Boot gemietet, um hinüberzufahren«, teilte mir Cao mit. »Wir müssen warten, bis sie kommt, ehe wir übersetzen können.« Mit leerem Magen saß ich in der Kälte. Erst gegen Mittag wurden die Taue gelöst, und als wir in Jingjiang ankamen, stieg schon überall der Abendrauch auf.

»In Jingjiang gibt es zwei Amtsgebäude«, sagte Cao. »Ist der Mann, den Ihr besuchen wollt, in dem innerhalb oder in dem anderen außerhalb der Stadt angestellt?«

Ich wankte hinter ihm her und antwortete im Gehen: »Das weiß ich wirklich nicht.«

»Dann wollen wir besser erst übernachten, und Ihr besucht ihn morgen«, schlug Cao vor.

Als wir in eine Herberge kamen, waren meine Schuhe und meine Strümpfe vom Schlamm völlig durchnäßt, und ich suchte mir ein Feuer, um sie zu trocknen. Nachdem wir hastig etwas gegessen und getrunken hatten, legte ich mich völlig erschöpft zu Bett und schlief fest ein. Als ich am Morgen aufstand, waren meine Strümpfe zur Hälfte verbrannt. Wieder bezahlte Cao die Übernachtungskosten und die Zeche für mich.

Auf meine Nachfrage im Amtsgebäude innerhalb der Stadt erfuhr ich, daß Huilai noch nicht aufgestanden war. Doch als er hörte, daß ich da war, zog er sich etwas über und kam heraus. Und als er meinen Zustand gewahrte, fragte er erschrocken: »Was ist geschehen, daß du so heruntergekommen bist?«

»Danach mußt du einstweilen nicht fragen«, erwiderte ich. »Wenn du hast, gib mir bitte zwei *liang* Silber, damit ich meinen Begleiter wegschicken kann.«

Huilai gab mir zwei Silbertaler, die ich sofort Cao schenkte, aber er wehrte nach Kräften ab. Schließlich nahm er einen an und ging fort. Nun erzählte ich Huilai alles, was uns zugestoßen und warum ich gekommen war.

»Als Schwäger sind wir nahe Verwandte«, sagte Huilai. »Darum müßte ich auch ohne diese alte Schuld alles tun, was in meinen schwachen Kräften steht. Allerdings sind unsere Salztransporte in jüngster Zeit auf dem Meer von Piraten ausgeraubt worden, und jetzt wird eben Revision gemacht. Darum kann ich dir weder etwas borgen noch eine größere Summe schenken. Wie wäre es, wenn ich dir zwanzig Silbertaler gebe, um die alte Schuld zu begleichen?«

Ich hatte mir keine übertriebenen Hoffnungen gemacht, darum erklärte ich mich einverstanden. Nachdem ich zwei Tage zu Besuch geblieben war, klärte sich der Himmel auf, und es wurde wärmer. Sofort rüstete ich mich zur Heimreise, und am 25. kam ich wieder bei den Huas an.

»Bist du in den Schnee geraten?« fragte Yun.

Ich berichtete ihr von meinen Leiden, und bekümmert sagte sie: »Als es schneite, dachte ich, du wärst schon in Jingjiang, dabei hast du an der Fährstelle festgelegen. Ein Glück nur, daß du den alten Herrn Cao getroffen hast! Das war wirklich Rettung in höchster Not, oder man könnte auch sagen: Guten Menschen hilft der Himmel.«

Ein paar Tage später bekamen wir einen Brief von Qingjun und erfuhren, daß Fengsen schon durch Xia Yishan in einem Laden untergebracht worden war. Wang Jinchen hatte die Zustimmung meines Vaters erhalten und den 24. Tag des 1. Monats als Glückstag ausgewählt, um Qingjun zu sich ins Haus zu nehmen. So war das Schicksal unserer Kinder im großen und ganzen geregelt, und trotzdem war die Trennung in dieser Weise sehr schmerzlich für uns.

Zu Anfang des zweiten Monats war das Wetter mild, und der Wind war lau, deshalb schaffte ich mir von dem Geld, das ich in Jingjiang bekommen hatte, eine bescheidene Reiseausstattung an und suchte meinen alten Freund Hu Kentang im Salzamt in Hanjiang auf. Ein Verantwortlicher des Examenshofes nahm mich bei dieser Behörde auf, wo ich Schreibarbeiten verrichtete. So war ich materiell einigermaßen gesichert und innerlich etwas gefaßter. Im achten Monat des nächsten Jahres, des neunundfünfzigsten Jahres des Sechzigerzyklus also, bekam ich einen Brief von Yun, in dem es hieß: ›Ich bin wieder vollkommen gesund und finde, bei Freunden zu schmarotzen ist auf die Dauer nicht das richtige. Ich möchte auch nach Hanjiang kommen, um wenigstens einmal die Herrlichkeit von Pingshan zu sehen.‹

Daraufhin mietete ich Zimmer von zwei Säulenzwischenräumen Breite außerhalb des Stadttors Xianchunmen von Hanjiang, der Blick ging aufs Wasser. Dann fuhr ich selbst zu den Huas, holte Yun ab und fuhr mit ihr zusammen zurück. Huas Frau schenkte uns einen kleinen Sklavenjungen mit Namen Ashuang, der uns bei der Küchenarbeit zur Hand gehen sollte. Außerdem vereinbarten wir, daß wir irgendwann einmal als Nachbarn zusammen leben wollten. Da der zehnte Monat bereits begonnen hatte, war es für Pingshan schon zu kalt, und wir verabredeten, den Ausflug im Frühling zu machen.

Ich war voller Hoffnung, daß sich hier Körper und Seele erholen würden und ich mit der Zeit auch die Familie wieder zusammenführen könnte. Aber nach weniger als einem Monat wurde das Personal des Examenshofes plötzlich um fünfzehn Mann vermindert, und da ich nur der Freund eines Freundes war, wurde ich mit entlassen. Anfangs machte Yun noch hundert Pläne für mich, zwang sich zu einer unbekümmerten Miene und sprach mir Mut zu, ohne jemals auch nur den mindesten Verdruß zu äußern. Aber im zweiten Monat des sechzigsten Jahres des Sechzigerzyklus bekam sie wieder starke Blutungen. Ich wollte mich noch einmal nach Jingjiang aufmachen und dort um Hilfe bitten, doch Yun meinte: »Besser als an Verwandte wendet man sich an Freunde.«

»Das ist zwar richtig«, sagte ich, »aber wenn meine Freunde auch größte Anteilnahme zeigen, so sind sie doch ebenfalls zum Müßiggang gezwungen und können nicht einmal für sich selbst sorgen.«

»Dann ist es nur gut, daß es schon warm ist«, sagte Yun. »So brauchen wir uns keine Sorgen zu machen, daß du unterwegs vom Schnee aufgehalten werden könntest. Ich möchte, daß du dich auf dem Hin- und Rückweg beeilst, aber um mich Kranke mußt du dir keine Gedanken machen. Wenn du auch noch krank wirst, wiegt meine Sünde noch schwerer.«

Wir hatten um diese Zeit schon nicht mehr genug Geld. Um Yun zu beruhigen, gab ich vor, daß ich mir ein Maultier mieten würde. In Wirklichkeit aber steckte ich Fladen ein, ging zu Fuß und aß im Gehen.

Ich wandte mich nach Südosten. Als ich zwei Flußläufe überquert und ungefähr achtzig oder neunzig *li* zurückgelegt hatte, lag weit im Umkreis kein einziges Dorf. Es wurde Nacht, doch ich sah überall nur öden gelben Sand und hell funkelnde Sterne. Dann fand ich ein Bodengott-Tempelchen, das vielleicht fünf *chi* hoch und von einer niedrigen Mauer umgeben war. Davor wuchsen zwei Lebensbäume. Ich berührte vor dem Götterbild mit der Stirn den Boden und betete: »Ich, ein gewisser Shen aus Suzhou, habe mich auf dem Wege zu einem Verwandten hierher verirrt und möchte im Tempel übernachten. Ich hoffe, Ihr werdet Euch meiner erbarmen und mir helfen.«

Dann stellte ich den kleinen steinernen Weihrauchkessel beiseite und versuchte, in das Tempelchen hineinzukriechen. Aber es faßte meinen Körper nur zur Hälfte, und so setzte ich meinen Wetterhut verkehrt herum auf, um das Gesicht damit zu bedecken, und saß halb drinnen, während meine Knie nach draußen ragten. Dann schloß ich die Augen und lauschte, aber es war nur das schwache Rauschen des leichten Windes zu hören. Meine Füße waren müde, mein Geist war erschöpft, und so schlief ich ein wie betäubt.

Als ich wach wurde, wurde es im Osten schon hell, und plötzlich waren hinter der niedrigen Mauer Schritte und Stimmen zu hören. Als ich rasch hinauskroch und nachschaute, sah ich, daß es Bauern waren, die auf dem Wege zum Markt hier vorüberkamen. Auf meine Frage nach dem Weg sagten sie: »Ihr geht zehn *li* nach Süden, dann kommt Ihr in die Kreisstadt Taixing. Wenn Ihr durch die Stadt hindurch seid, wendet Ihr Euch nach Südosten und stoßt alle zehn *li* auf einen Erdhügel. Nach dem achten Hügel seid Ihr in Jingjiang. Ihr müßt immer auf dem großen Weg bleiben.«

Ich trat wieder an das Tempelchen heran, stellte den Weihrauchkessel an die alte Stelle, bedankte mich mit einem Stirnaufschlag und ging los. In Taixing ergab sich eine Gelegenheit, auf einem Handkarren mitzufahren.

In der Doppelstunde *shen* kam ich in Jingjiang an und gab meine Namenskarte ab. Erst nach langer Zeit kam der Türhüter wieder und sagte: »Herr Fan ist dienstlich in Changzhou.«

So wie er das sagte, schien es eine Ausrede zu sein, darum fragte ich: »Wann kann er wieder hiersein?«

»Das weiß ich nicht«, war die Antwort.

Daraufhin sagte ich: »Ich werde auf ihn warten, und wenn es ein Jahr dauert.«

Der Türhüter begriff, wie ich das meinte, und fragte deshalb von sich aus: »Seid Ihr der Bruder von Herrn Fans Hauptfrau?«

»Würde ich wohl auf ihn warten, wenn ich es nicht wäre?« fragte ich zurück.

»Dann wartet einstweilen«, empfahl mir der Türhüter.

Drei Tage später hieß es, Fan Huilai sei wieder in Jingjiang eingetroffen. Kurz danach bekam ich fünfundzwanzig *liang* Silber. Ich mietete ein Maultier und kehrte in größter Eile nach Hause zurück.

Dort traf ich Yun völlig verstört und schluchzend an. Als sie mich zurückkommen sah, überfiel sie mich gleich mit den Worten: »Denk dir nur, gestern mittag ist Ashuang fortgelaufen, und bestohlen hat er uns auch. Ich habe die Leute gebeten, überall nach ihm zu suchen, aber bisher haben sie ihn nicht gefunden. Um die Sachen ist es nicht weiter schade, aber die Mutter des Jungen hatte mich beim Abschied immer wieder gebeten, gut auf ihn achtzugeben. Wenn er nach Hause will, liegt der Changjiang dazwischen, Grund genug, um sich Gedanken zu machen. Was soll denn werden, wenn seine Eltern ihn versteckt halten, um uns zu erpressen? Und wie soll ich meiner Schwurschwester ins Gesicht sehen?!«

»Reg dich nicht auf«, sagte ich. »Du machst dir zu viel Gedanken darum. Ein Kind versteckt zu halten, um jemanden zu erpressen, das kann man wohl mit reichen Leuten machen, wir beide aber tragen nichts anderes auf den Schultern als einen Kopf mit einem hungrigen Mund. Außerdem haben wir Ashuang in dem halben Jahr, seit er bei uns ist, ernährt und gekleidet und haben ihn niemals geschlagen. Das wissen alle Nachbarn. In Wirklichkeit ist es so, daß der Bengel ohne jedes Gewissen einfach deine Notlage ausgenutzt hat, um uns zu bestehlen und wegzulaufen. Und wenn deine Schwurschwester uns einen Banditen geschenkt hat, ist sie es, die dir nicht mehr ins Gesicht sehen kann. Warum also sagst du statt dessen, du könntest ihr nicht ins Gesicht sehen? Wenn ich die Sache beim Kreisamt anzeige, um mögliche böse Folgen zu verhindern, müßte alles in Ordnung gehen.«

Yun schien sich etwas zu beruhigen, als sie diese Worte von mir hörte, aber sie redete seitdem im Schlaf und rief dabei oft: »Ashuang ist weggelaufen!« oder »Warum hat Hanyuan ihr Wort gebrochen?«. Und ihre Krankheit wurde von Tag zu Tag schlimmer. Ich wollte einen Arzt holen, um sie untersuchen und behandeln zu lassen, aber sie hinderte mich daran und sagte: »Meine Krankheit begann, weil mein Bruder fortgelaufen ist und meine Mutter starb. Diesen Kummer habe ich nicht verwunden. Jede Aufregung und jeder neue Ärger haben die Krankheit verschlimmert. Ich habe mir seit jeher zu viele Vorwürfe gemacht, weil ich hoffte, doch noch eine gute Schwiegertochter zu werden, ein ständiges Ringen, das ohne Erfolg blieb. Das Ergebnis waren Schwindelanfälle und Herzklopfen. Jetzt ist es soweit, daß man sagen muß: Wenn die Krankheit schon zwischen Herz und Zwerchfell sitzt, sind dem besten Arzt die Hände gebunden. Darum bitte ich dich, nicht sinnlos Geld auszugeben. Dreiundzwanzig Jahre lang bin ich deine Frau gewesen und habe deine Liebe empfangen, ohne sie zu verdienen. Anstatt mich für meine Dummheit und Minderwertigkeit zu verstoßen, hast du hundertfach Verständnis und Mitgefühl für mich gezeigt. Da ich einen Vertrauten wie dich zum Manne hatte, habe ich in diesem Leben nichts zu bedauern. Wenn man sich in Baumwolle kleiden und an Gemüse satt essen kann, wenn zu Hause Eintracht herrscht und man unbeschwert Ausflüge in die Natur machen kann, wie wir sie zum ›Pavillon der Dunklen Wellen‹ und vom ›Haus der Stille und Frische‹ aus unternommen haben, dann lebt man auch in der Welt des Staubes wie die Unsterblichen. Aber wie viele Generationen braucht man, um durch Selbstvervollkommnung unsterblich zu werden, und wer sind wir, daß wir es wagen, nach dem Glück von Unsterblichen zu trachten?! Dadurch, daß wir gewaltsam danach gestrebt haben, haben wir gegen ein Tabu der Schöpfung verstoßen und mußten erleben, welchen Verdruß man erntet, wenn man sich von seinen Gefühlen betören läßt.

Alles liegt nur daran, daß du zu gefühlvoll bist und daß mir von Geburt an ein schlechtes Geschick beschieden war.«

Sie weinte und fuhr dann fort: »Auch wenn der Mensch hundert Jahre lebt, muß er doch letzten Endes sterben. Wir aber müssen uns schon auf halbem Wege trennen und plötzlichen Abschied für immer nehmen. Mir bekümmert es das Herz, daß ich dir nicht bis zu Ende ›mit Besen und Kehrschaufel dienen‹ kann und daß ich nicht miterlebe, wie Fengsen heiratet.« Als sie geendet hatte, liefen Tränen, so groß wie Bohnen, über ihr Gesicht.

Ich versuchte mit aller Macht, sie zu beruhigen, und sagte: »Du bist jetzt acht Jahre krank und warst schon mehrmals in gedrückter Stimmung. Warum sprichst du heute auf einmal in solch herzzerreißender Weise?«

»Ich träume Tag für Tag, daß meine Eltern ein Boot schicken, um mich abzuholen«, erklärte sie mir. »Und wenn ich die Augen schließe, scheint es mir, als schwebte ich in Wolken und Nebel auf und nieder. Wahrscheinlich entfernt sich meine Seele, und nur der Körper bleibt zurück.«

»Das liegt nur daran, daß dein Geist keine Ruhe findet«, sagte ich. »Wenn du ein Stärkungsmittel nimmst und dich ausruhst, ohne viel zu grübeln, wirst du auch wieder gesund.«

Wieder mußte Yun schluchzen, dann sagte sie: »Wenn auch nur noch ein Fünkchen Lebenskraft in mir wäre, würde ich es auf keinen Fall wagen, dich mit solchen Worten zu erschrecken. Aber ich bin dem Weg ins Jenseits schon nahe, und wenn ich

Als ich erwachsen war, wurde meine Liebe zu den Blumen zu einer wahren Sucht. (Seite 62) jetzt nicht darüber rede, bleibt mir keine Zeit mehr. Daß deine Eltern mit dir nicht zufrieden sind und daß du dich notdürftig in der Fremde durchschlagen mußt, liegt nur an mir. Wenn ich erst tot bin, wirst du auch das Wohlwollen deiner Eltern wiedererlangen und brauchst dir deswegen keine Sorgen mehr zu machen. Deine Eltern sind schon hoch an Jahren, darum solltest du nach meinem Tode bald zu ihnen zurückkehren. Wenn du nicht in der Lage bist, meinen Leichnam mitzunehmen, kannst du ihn unbesorgt einstweilen hierlassen, bis du eines Tages wiederkommst. Ich wünsche mir, daß du dich mit einer Frau wiederverheiratest, die ebenso tugendhaft wie schön ist und die für deine Eltern sorgt und meine verwaisten Kinder großzieht. Dann werde ich im Tod meine Ruhe haben.«

Nachdem sie das gesagt hatte, wurde sie vom Schmerz überwältigt und begann hilflos zu weinen. Ich aber sagte zu ihr: »Selbst wenn du mich wirklich auf halbem Wege verlassen solltest, sehe ich keinen Grund, wieder zu heiraten. Zumal es heißt: ›Dem, der das weite Meer befuhr, gilt sonst nichts als Gewässer; außer denen am Berg Wushan gibt es nirgendwo Wolken.‹ «

Yun griff nach meiner Hand und wollte noch etwas sagen, aber sie brachte nur mehrmals mit Unterbrechungen die Worte hervor: »Im nächsten Leben …« Plötzlich begann sie nach Atem zu ringen und konnte nicht weiterreden. Ihre Augen weiteten sich, und sooft ich sie auch anrief, konnte sie doch nichts mehr sagen. Ihre Wangen waren naß von den Tränen, die in zwei Bächen herunterliefen. Dann wurde ihr Atem langsam schwächer, und die Tränen versiegten allmählich. Eben war ihre Seele, kaum spürbar, noch da, und nun war sie für immer gegangen.

Das war am 30. Tag des 3. Monats des sechzigsten Jahres des Sechzigerzyklus in der Ära Jiaqing. Nur eine einsame Lampe brannte im Zimmer. Ich war allein in der Fremde und stand mit leeren Händen da. Ich glaubte, das Herz müßte mir brechen. Wann wird dieser ewige Schmerz ein Ende haben?

Dadurch, daß mein Freund Hu Kentang mir mit zehn *liang* Silber aushalf und daß ich alles zu Geld machte, was ich noch besaß, konnte ich die Tote ankleiden und einsargen.

O weh! Yun war eine Frau, aber sie hatte den Sinn und das Talent eines Mannes. Seitdem wir geheiratet hatten, war ich ständig unterwegs, um für Nahrung und Kleidung zu sorgen, während sie zu Hause Not litt, ohne jemals zu klagen. Wenn es sich ergab, daß ich zu Hause war, sprachen wir nur von Literatur. Sie starb durch Krankheit und Not und war dabei voll bitterer Reue. Wer aber hat das verursacht? Ich habe meiner Freundin gegenüber eine Schuld abzutragen, aber wie könnte ich sie in Worte kleiden?! Allen Eheleuten auf der Welt möchte ich den Rat geben, einander nicht zu hassen, aber einander auch nicht übermäßig zu lieben. Denn das Sprichwort sagt: ›Ein liebendes Paar wird nicht zusammen alt.‹ Mein Leben kann dafür als warnendes Beispiel dienen.

Am Tage der Rückkehr der Seele kommt nach volkstümlicher Überlieferung die Seele im Gefolge böser Geister zurück, deshalb richtet man in den Zimmern alles so her, wie es zu Lebzeiten des Verstorbenen gewesen ist: Die alten Kleider werden auf das Bett gelegt und die alten Schuhe unter das Bett gestellt. Dann wartet man, daß die Seele kommt und es sich ansieht. In Suzhou ist die gebräuchliche Bezeichnung hierfür ›den Blick auffangen‹. Man läßt daoistische Priester kommen, damit sie ihre Riten vollführen. Zuerst wird die Seele beschworen, zum Bett zu kommen, und dann wird sie fortgeschickt. Dazu sagt man ›das Übel empfangen‹. In Hanjiang werden gewöhnlich im Zimmer des Verstorbenen Wein und Speisen bereitgestellt, und dann geht die ganze Familie aus dem Haus. Das nennt man ›das Übel meiden‹. Es kommt vor, daß Leute beraubt werden, während sie sich auf diese Weise verborgen halten.

An dem Tag, als Yuns Seele zurückkommen sollte, ging der Hausbesitzer, der mit im Hause wohnte, fort, während die Nachbarn mir auftrugen, Speisen bereitzustellen und dann möglichst weit fortzugehen, um mich zu verstecken. Ich aber hoffte, Yuns Seele zu sehen, wenn sie zurückkehrte, und stimmte deshalb nur zum Schein zu. Mein Landsmann Zhang Yumen redete auf mich ein: »Wer sich mit den Geistern einläßt, wird von ihnen besessen. Es ist besser, man glaubt daran, daß es sie gibt, und läßt es nicht auf den Versuch ankommen.«

»Eben deshalb will ich mich ja nicht in Sicherheit bringen sondern warten, weil ich glaube, es gibt sie«, erwiderte ich.

»Sich der rückkehrenden Seele in den Weg zu

stellen bringt lebenden Menschen Schaden«, fuhr Zhang fort. »Wenn die Seele Eurer Gattin zurückkommt, so sind doch Diesseits und Jenseits voneinander getrennt, und ich fürchte, anstatt sie zu sehen, werdet Ihr ihre Form nicht wahrnehmen können, und anstatt im Versteck unbehelligt zu bleiben, werdet Ihr das Übel voll zu spüren bekommen.«

Aber mein törichtes Herz war nicht zur Einsicht zu bringen, und so hielt ich ihm entgegen: »Über Leben und Tod entscheidet das Schicksal. Wenn Ihr Euch wirklich um mich sorgt, könnt Ihr mir doch Gesellschaft leisten!«

»Ich werde vor der Tür Wache halten«, versprach Zhang. »Und wenn Ihr etwas Ungewöhnliches seht, komme ich beim ersten Ruf hinein.«

Ich zündete also Licht an und ging ins Zimmer, und da ich sah, daß hier alles aussah wie früher, als Yuns Anblick und Stimme noch nicht vergangen waren, kam unwillkürlich tiefer Schmerz über mich, und die Tränen traten mir in die Augen. Aber ich hatte Angst, die Tränen würden mir den Blick trüben und verbergen, was ich zu sehen wünschte, darum unterdrückte ich das Weinen und machte die Augen weit auf, setzte mich neben das Bett und wartete. Ich streichelte die Kleider, die Yun zurückgelassen hatte und in denen noch ihr Duft war. Unvermerkt krampfte mein Herz sich zusammen, und mir wurde schwarz vor den Augen. Aber ich sagte mir, ich sei gekommen, um Yuns Seele zu sehen, und dürfte nicht einfach einschlafen. Also riß ich die Augen auf und blickte um mich, und da sah ich, daß die bläulichen Flammen der beiden Kerzen auf dem Tisch flackerten und so klein wurden wie Bohnen. Es lief mir eiskalt den Rücken hinunter, und ich begann am ganzen Körper zu frösteln. Deshalb rieb ich mir die Hände und die Stirn und schaute aufmerksam hin. Da wuchsen die beiden Flammen allmählich in die Höhe, bis sie vielleicht ein *chi* hoch waren, und beinahe wäre das papierbeklebte Lattenwerk der Zwischendecke in Brand geraten. Während ich die Helligkeit nutzte, um mich gut umzusehen, wurden die Flammen plötzlich wieder kleiner wie schon zuvor. Mein Herz klopfte, die Glieder zitterten mir, und schon wollte ich meinen Gefährten hereinrufen, aber dann bedachte ich, daß die Anwesenheit von soviel Lebendigem die zarte Seele der Toten gefährden könnte, und rief nur leise Yuns Namen und sprach ein Gebet. Im Zimmer blieb es still, und es war nichts zu sehen. Bald wurden die Kerzenflammen wieder heller, aber sie stiegen nicht mehr in die Höhe. Ich ging hinaus und erzählte Zhang Yumen, was ich erlebt hatte. Er bewunderte mich für meinen Mut und wußte nicht, daß nur Gefühlstorheit dahintersteckte.

Als Yun gestorben war, dachte ich daran, daß man von Lin Bu sagt, ihm hätten die Aprikosenbäume als Frau und ein Kranich als Sohn gegolten, darum nahm ich den Beinamen Meiyi (›Aprikoseneinsiedler‹) an.

Ich begrub Yun einstweilen am Berg Jinguishan außerhalb des westlichen Stadttores von Yangzhou. Im Volksmund wird die Gegend die ›Pagode der Familie Hao‹ genannt. Ich kaufte einen Fleck Boden, groß genug, um einen einzelnen Sarg aufzunehmen, und begrub sie dort ihrem letzten Willen gemäß. Dann kehrte ich mit ihrem Seelentäfelchen in meine Heimat zurück. Auch meine Mutter beklagte Yuns Tod, Qingjun und Fengsen aber kamen nach Hause, weinten bitterlich und legten Trauerkleidung an.

Qitang kam zu mir und sagte: »Unser Vater ist dir immer noch böse, darum ist es besser, du gehst nach Yangzhou zurück. Wenn Vater nach Hause kommt, werde ich ihm mit freundlichen Worten zureden. Ich schreibe dir dann einen Brief und rufe dich.«

Ich bezeugte also meiner Mutter meine Ehrerbietung, verabschiedete mich von Sohn und Tochter und weinte noch eine Weile. Dann kehrte ich wieder nach Yangzhou zurück, wo ich davon lebte, daß ich Bilder für den Verkauf malte. So konnte ich mich oft an Yuns Grab ausweinen und lebte in trauriger Einsamkeit mit meinem Schatten. Wenn mich der Zufall an unserer ehemaligen Wohnung vorbeiführte, schmerzte mich der Anblick so, daß ich mich abwenden mußte. Am Feiertag des 9.9. waren alle Nachbargräber schon verwelkt, nur Yuns Grab war noch grün, und der Grabwächter sagte zu mir: »Das ist ein guter Begräbnisplatz, darum ist der Boden mit üppiger Lebenskraft erfüllt.«

Im stillen betete ich: »Der Herbstwind weht schon heftig, ich aber gehe noch immer in ungefütterten Kleidern. Wenn du die Macht dazu hast, hilf mir, eine Stellung zu finden, damit ich den Rest des Jahres überstehe, bis endlich eine Nachricht von zu Hause kommt.«

Wenig später wollte Herr Zhang Yu'an, der im Kreisamt von Jiangdu eine Sekretärsstelle bekleidete, nach Zhejiang zurückkehren, um einen Angehörigen zu begraben. Er bat mich, ihn drei Monate lang zu vertreten. So hatte ich die Möglichkeit, die kalte Jahreszeit zu überstehen. Als ich die Stelle wieder abgeben mußte, nahm mich Zhang Yumen bei sich auf. Er hatte ebenfalls seine Stellung verloren, und es war schwer für ihn, die Jahreswende zu begehen. Als er sich mit mir darüber beriet, lieh ich ihm meine letzten zwanzig *liang* Silber und sagte dazu: »Dieses Silber hatte ich mir eigentlich aufgehoben, um den Sarg meiner Frau nach Hause zu überführen. Ihr könnt es mir zurückgeben, wenn ich eine Nachricht von zu Hause bekomme.« Das Neujahrsfest verbrachte ich bei Zhang. Jeden Morgen und jeden Abend orakelte ich, ob wohl eine Botschaft von meiner Familie käme, aber alles blieb still. Im dritten Monat des ersten Jahres des Sechzigerzyklus erhielt ich einen Brief von Qingjun und erfuhr, daß mein Vater krank war. Am liebsten wäre ich sofort nach Suzhou geeilt, aber ich hatte Angst, der alte Zorn könnte wieder aufflammen. Während ich noch unschlüssig zögerte, kam ein weiterer Brief von Qingjun, und ich mußte erfahren, daß mein Vater gestorben war. Der Schmerz schien mich zerreißen zu wollen, und vergeblich rief ich den Himmel an. Ohne mir Zeit zum Überlegen zu lassen, eilte ich ohne Aufenthalt nach Hause. Weinend schlug ich dort vor dem Sarg meines Vaters mit dem Kopf auf den Boden, bis ich blutete.

O weh! Mein Vater hatte es sein Leben lang

nicht leicht gehabt, ständig mußte er in der Fremde unterwegs sein. Und ich ungehorsamer Sohn habe ihm weder viel Feude gemacht, als ich noch klein war, noch habe ich ihn gepflegt, als er krank lag. Der Strafe für meinen Ungehorsam werde ich wohl nicht entgehen!

Als meine Mutter mich weinen sah, fragte sie: »Warum bist du jetzt erst zurückgekommen?«

»Zurückgekommen bin ich nur, weil glücklicherweise Eure Enkelin Qingjun mir einen Brief geschrieben hat«, antwortete ich. Meine Mutter warf einen Blick auf die Frau meines jüngeren Bruders, sagte aber nichts.

Ich hielt dann Wache am Sarg, und während der ganzen siebenmal sieben Tage sprach niemand mit mir über die Familienangelegenheiten oder die Trauerfeierlichkeiten. Ich suchte den Fehler bei mir selbst, weil ich meine Sohnespflicht verletzt hatte, und hatte nicht die Stirn, jemanden zu fragen.

Eines Tages erschienen plötzlich Leute und verlangten die Bezahlung einer Schuld. Sie kamen zum Tor herein und lärmten so lange, bis ich zu ihnen hinausging und sagte: »Wenn jemand seine Schuld nicht bezahlt, muß man ihn natürlich mahnen. Aber eben erst ist mein Vater gestorben, und Schulden eintreiben zu wollen, ehe noch die Trauerzeit um ist, ist ja wohl etwas übertrieben.«

Da verriet mir einer der Männer heimlich: »Wir sind nur gekommen, weil uns jemand dazu aufgefordert hat. Zieht Ihr Euch zurück, dann werden wir das Geld von dem verlangen, der uns dazu aufgefordert hat.«

»Was ich schulde, zahle ich auch zurück«, erklärte ich. »Sie aber sollten sich rasch zurückziehen, meine Herren.«

Daraufhin gingen sie höflich fort, ich aber ließ Qitang rufen und sagte ihm: »Ich bin zwar ein ungehorsamer Sohn, aber kein Bösewicht. Es ist wohl richtig, daß ich zum Adoptivsohn unseres verstorbenen Onkels erklärt worden bin, aber ich habe niemals auch nur den kleinsten Anteil eines Erbes erhalten. Daß ich jetzt zu den Trauerfeierlichkeiten hergeeilt bin, geschah deshalb, weil es sich für einen Sohn so gehört, nicht weil ich mich um das Erbe streiten will. Ein ganzer Mann zeichnet sich dadurch aus, daß er auf eigenen Füßen steht. Ich habe nichts als meinen Körper mitgebracht und nehme nichts als meinen Körper mit fort!« Damit machte ich kehrt und ging an den Sarg meines Vaters zurück, wo ich unwillkürlich wieder in heftige Tränen ausbrach. Mit einem Stirnaufschlag verabschiedete ich mich von meiner Mutter, sagte Qingjun Lebewohl und war entschlossen, in die Berge zu gehen, um außerhalb der menschlichen Welt nach Chisongzi zu suchen.

Während Qingjun eben auf mich einredete, um mich davon abzuhalten, kamen meine Freunde dazu, die Gebrüder Xia Nanxun, mit dem Beinamen Dan'an, und Xia Fengtai, mit dem Beinamen Yishan, die nach mir gesucht hatten, und gaben mir mit ernster Stimme zu bedenken: »Über eine Familie wie deine kann man zwar wirklich in Wut geraten, aber wenn auch dein Vater tot ist, so ist doch deine Mutter noch am Leben, und wenn auch deine

Frau gestorben ist, so ist doch dein Sohn noch nicht selbständig. Wirst du da Ruhe im Herzen finden, wenn du der Welt entsagst?«

»Aber was soll ich machen?« fragte ich.

»Erweise uns die Ehre, vorläufig bei uns zu wohnen«, sagte Dan'an. »Wie ich gehört habe, hat der *zhuangyuan* Shi Zhuotang in einem Brief geschrieben, er wolle sich beurlauben lassen und nach Hause kommen. Warum willst du nicht abwarten, bis er hier ist, und ihn dann aufsuchen, um ihn um Hilfe zu bitten? Bestimmt verschafft er dir eine Stellung.«

»Von der Trauerzeit um meinen Vater sind noch keine hundert Tage vergangen, außerdem sind eure Eltern noch am Leben, daraus würden sich wohl vielfältige Unbequemlichkeiten ergeben«, wandte ich ein.

»Auch unser Vater war der Meinung, daß wir dich einladen sollten«, sagte Yishan. »Aber wenn dir das ungünstig erscheint, könntest du in dem buddhistischen Kloster westlich von unserem Anwesen wohnen. Der Abt ist ein guter Bekannter von uns. Würde dir das gefallen?«

Ich erklärte mich einverstanden.

»Der Hausbesitz, den Großvater zurückgelassen hat, ist nicht weniger als drei- oder viertausend *liang* Silber wert«, sagte Qingjun. »Wenn Ihr schon davon kein bißchen bekommt, Vater, warum wollt Ihr dann noch Eure eigene Reisetasche zurücklassen? Ich werde sie holen und zu Euch ins Kloster bringen.« Auf diese Weise erhielt ich außer meiner Reisetasche auch Landkarten, Bücher, Tuschereib-

南園賜飲
寬堂

Im ›Südgarten‹ angekommen,
suchten wir uns eine Stelle im Schatten der Weiden,
wo wir uns im Kreis niederlassen konnten. (Seite 84)

steine und Pinselbehälter aus dem Nachlaß meines Vaters.

Die Mönche brachten mich im ›Turm des Großen Erbarmens‹ unter. Der Turm war nach Süden gewandt, im Ostteil stand eine Buddhafigur, und auf der Westseite lag ein abgeteilter Raum mit einem Mondfenster, der Buddhanische genau gegenüber. Ursprünglich war es der Raum, in dem die Pilger ihre Fastenspeisen aßen, ich aber stellte mein Bett darin auf. Nahe der Tür stand eine Guandi-Statue mit einem Schwert in der erhobenen Hand, die sehr martialisch aussah. Im Hof wuchs ein Ginkgobaum, der so dick war, daß ihn drei Männer gerade so umspannen konnten. Das ganze Gebäude stand in seinem Schatten. Wenn sich in nächtlicher Stille der Wind darin verfing, meinte man, lautes Brüllen zu vernehmen.

Xia Yishan, der oft mit Wein und Früchten zu mir kam, um mit mir zu trinken, fragte mich: »Hast du keine Angst, wenn du spät in der Nacht wach liegst, du, so allein hier?«

»Ich war mein Leben lang ehrlich und gerecht und hege keine bösen Gedanken in meiner Brust«, erwiderte ich. »Warum also sollte ich Angst haben?«

Ich wohnte noch nicht lange im Kloster, als es wie aus Kannen zu gießen begann, und es regnete in einem fort dreißig Tage lang. Ich befürchtete ständig, ein Ast des Ginkgobaums könnte abbrechen, die Dachbalken zerschlagen und das Gebäude zum Einstürzen bringen, aber dank der unsichtbaren Hilfe der Götter geschah kein Unglück.

Außerhalb des Klosters aber stürzten unzählige Mauern und Häuser ein, und alle Felder in der Nähe standen unter Wasser. Ich aber malte Tag für Tag mit den Mönchen zusammen und kümmerte mich um nichts.

Erst zu Anfang des siebenten Monats hörte es auf zu regnen. Yishans Vater, der Xia Chunxiang hieß, machte eine Geschäftsreise nach Chongming und nahm mich mit. Für meine Schreibarbeiten bekam ich zwanzig *liang* Silber. Als ich zurückkam, stand die Beisetzung meines Vaters kurz bevor, und Qitang beauftragte Fengsen, mir zu sagen: »Dem Onkel fehlen die Mittel für das Begräbnis, und er möchte, daß Ihr, Vater, ihm mit zehn oder zwanzig *liang* Silber aushelft.«

Ich war schon drauf und dran, ihm alles zu geben, was ich besaß, aber Yishan ließ es nicht zu und übernahm die eine Hälfte der Kosten. Mit Qingjun zusammen ging ich vorab zum Grab meines Vaters.

Als die Begräbnisfeierlichkeiten beendet waren, kehrte ich wieder in den ›Turm des Großen Erbarmens‹ zurück. Ende des neunten Monats reiste Yishan zum Eintreiben der Pacht auf die Sandinsel Yongtaisha im Ostmeer, wo die Familie Boden besaß, und nahm mich mit. Wir hielten uns dort zwei Monate auf, und als wir zurückkamen, ging der Winter schon zu Ende. Ich zog zu Yishan in seine ›Strohhütte der Wildgänse im Schnee‹, wo ich die Jahreswende beging. Obwohl wir nicht zur selben Familie gehörten, war er wirklich wie ein enger Verwandter zu mir.

Erst im siebenten Monat des zweiten Jahres des

Sechzigerzyklus kam Shi Zhuotang aus der Hauptstadt nach Hause zurück. Shi Zhuotang heißt mit persönlichem Namen Yunyu und mit Beinamen Zhiru, Zhuotang ist sein Literatenname. Wir waren seit unseren Kindertagen miteinander befreundet. Im siebenundvierzigsten Jahr des Sechzigerzyklus in der Ära Qianlong hatte er die Palastprüfung als Bester bestanden. Er war als Präfekt nach Chongqing in Sichuan geschickt worden, und während der Unruhen der Weißen-Lotos-Sekte hatte er drei Jahre lang gekämpft und sich durch seine Anstrengungen große Verdienste erworben. Als er jetzt zurückkam und wir uns wiedersahen, war die Freude groß. Bald darauf, am 9. 9., brach er mit seinen Angehörigen wieder nach Chongqing auf, um auf seinen Posten zurückzukehren, und lud mich ein, ihn zu begleiten. Also verabschiedete ich mich im Hause von Lu Shangwu, dem Mann meiner neunten Schwester, mit einem Stirnaufschlag von meiner Mutter. (Das Haus meines verstorbenen Vaters gehörte inzwischen fremden Leuten.) Dabei trug meine Mutter mir auf: »Du mußt dich anstrengen, das Ansehen der Familie wiederherzustellen. Von deinem jüngeren Bruder ist nichts zu erwarten. Ich setze meine Hoffnungen ganz auf dich.«

Fengsen, der mir das Geleit gab, fing auf halbem Wege plötzlich zu weinen an und hörte nicht wieder auf. Darum befahl ich ihm, er solle mich nicht weiter begleiten, sondern kehrtmachen.

Als unser Boot bei Jingkou auf den Changjiang kam, machte Zhuotang einen Umweg, um einen alten Freund, den *juren* Wang Tifu, zu besuchen, der in der Salzinspektion des Bezirks Huai-Yang arbeitete, und ich begleitete ihn dorthin. So konnte ich einen Blick auf Yuns Grab werfen. Anschließend wendeten wir das Boot und fuhren den Changjiang stromauf, wobei wir alle Sehenswürdigkeiten besichtigten, die am Wege lagen. Als wir in Jingzhou in der Provinz Hubei ankamen, erhielt Zhuotang die Nachricht, er sei zum Bezirksamtmann in Tongguan befördert worden. Daraufhin ließ er mich mit seinem Sohn Dunfu und seinen übrigen Angehörigen einstweilen in Jingzhou zurück, während er sich mit leichtem Gepäck und kleinem Gefolge nach Chongqing begab, um dort die Jahreswende zu begehen und anschließend über Chengdu auf dem Landwege an seinen neuen Einsatzort zu reisen.

Erst im zweiten Monat des dritten Jahres des Sechzigerzyklus trafen seine Angehörigen aus Sichuan auf dem Wasserwege ein. In Fancheng gingen wir an Land. Der Weg war weit, die Kosten gewaltig, die Wagen schwer, die Leute zahlreich. Pferde krepierten, Räder brachen, und so hatten wir alle mögliche Mühsal auszustehen. Als wir in Tongguan eintrafen, begann schon der dritte Monat. Aber wieder wurde Zhuotang befördert, diesmal zum Provinzrichter von Shandong. Da er kein Geld mehr hatte, konnte seine Familie ihn nicht begleiten und zog deshalb einstweilen in die Tongchuan-Akademie. Erst gegen Ende des zehnten Monats zahlte man Zhuotang in Shandong sein Gehalt, und er schickte einen Boten, um seine Familie nachzuholen. Zugleich bekam ich einen Brief von Qingjun und erfuhr zu meinem Schrecken, daß Fengsen im vierten Monat eines frühen Todes gestorben war. Ich dachte an die Tränen, die er vergossen hatte, als er mir das Geleit gab, und sagte mir, daß sie sein Abschied für immer gewesen waren.

O weh! Yun hatte nur diesen einen Sohn gehabt, und nun hatte er das Geschlecht nicht fortsetzen können. Auch Zhuotang war tief bewegt, als er davon erfuhr. Er schenkte mir eine Nebenfrau, und wieder versank ich in den vergänglichen Traum des Lebens. Seitdem ist es ein ständiges Hinundher, und ich weiß nicht, wann ich aus diesem Traum erwachen werde.

IV
Vom Vergnügen des Reisens

In den dreißig Jahren, die ich schon als Sekretär umherreise, habe ich vom Reich nur Sichuan, Guizhou und Yunnan nicht gesehen. Und wohin ich auch immer reiste, überall war ich leider in jemandes Gefolge. Landschaften zogen vor meinen Augen vorüber, und Naturschauspiele erfreuten mein Gemüt, aber ich konnte sie nur in groben Umrissen wahrnehmen und hatte nicht die Möglichkeit aufzuspüren, was abseits und verborgen lag. Von allen Dingen bilde ich mir gern eine eigene Meinung und folge nicht leichthin dem Urteil von anderen. Bei der Einschätzung von Gedichten und Bildern ist es stets so, daß ich verwerfe, was andere für wertvoll halten, und gelten lasse, was sie ablehnen. So kommt es auch bei Sehenswürdigkeiten darauf an, wie das Herz sie erfaßt. Es gibt berühmte Sehenswürdigkeiten, deren Schönheit ich nicht empfinde, und es gibt Plätze, die nicht berühmt sind, die ich aber für wunderbar halte. Hier will ich aufzeichnen, was ich im Laufe meines Lebens zu sehen bekommen habe.

Als ich fünfzehn Jahre alt war, diente mein Vater, Herr Jiafu, als Sekretär bei einem Kreisvorsteher Zhao in Shanyin. Dort gab es einen Herrn Zhao Shengzhai mit dem persönlichen Namen Zhuan, der ein kenntnisreicher Gelehrter aus Hangzhou war und den der Kreisvorsteher gebeten hatte, seine Söhne zu unterrichten. Auf Befehl meines Vaters wurde ich ebenfalls sein Schüler. An freien Tagen machten wir Ausflüge, und so bekam ich den Berg Houshan zu sehen, der wohl etwas mehr als zehn *li* von der Stadt entfernt liegt und auf dem Landweg nicht zu erreichen ist. In der Nähe des Berges ist eine Höhle zu sehen, über deren Eingang eine Felsplatte quer abgespalten ist, als ob sie herunterfallen wollte. Fährt man mit dem Boot darunter hindurch, eröffnet sich ein geräumiger Platz, der auf allen vier Seiten von steilen Felswänden eingefaßt ist. Im Volksmund heißt er der ›Wassergarten‹. Aus Steinen ist dort ein Turm von fünf Säulenzwischenräumen Breite mit Blick auf das Wasser errichtet, und auf der gegenüberliegenden Felswand ist die Inschrift eingehauen: ›Die Fische springen sehen‹. Das Wasser ist hier unermeßlich tief, und wie man sagt, verbergen sich riesige Fische darin. Ich warf ein paar Brocken von meinem Proviant ins Wasser, um sie anzulocken, sah aber nur Fische auftauchen und daran fressen, die nicht einmal ein *chi* lang waren. Hinter dem Turm führt ein Weg zum ›Trockenen Garten‹. Hier ragen unförmige Steine in wüstem Durcheinander auf. Einige liegen flach wie eine Handfläche, bei anderen ruht ein großer Felsbrocken auf einer abgeplatteten Steinsäule. Überall sind die Spuren der Bearbeitung noch zu sehen, und es ist nichts Annehmbares darunter.

Als wir alles angesehen hatten, aßen wir in dem Turm am Wasser und befahlen einem Diener, Knallfrösche abzubrennen. Ihr Krachen wurde von allen Bergen zurückgeworfen, und es dröhnte wie Donner.

Dies war der Anfang meiner vergnüglichen Reisen noch in der Kinderzeit. Leider habe ich den ›Orchideenpavillon‹ und das Grab des Kaisers Yu kein einziges Mal besuchen können, was ich bis heute bedaure.

Ein Jahr nach meiner Ankunft in Shanyin verlegte unser Lehrer, der sich von seinen alten Eltern nicht mehr weit entfernen wollte, den Unterricht zu sich nach Hause, und so folgte ich ihm nach Hangzhou und konnte dadurch die Sehenswürdigkeiten des Westsees zur Genüge besuchen. Nach der Schönheit der Anlage gefällt mir der ›Drachenbrunnen‹ am allerbesten und der Garten ›Himmel im kleinen‹ am zweitbesten. Unter den Steingebilden fiel meine Wahl auf den ›Hergeflogenen Felsen‹ von Tianzhu sowie die ›Alte Grotte der Glückverheißenden Steine‹ im Berg des Stadtgotts, unter den Gewässern aber auf die ›Jadequelle‹, weil ihr Wasser so rein ist und so viele Fische darin sind, daß sich ein munter-bewegtes Bild ergibt. Der Gipfel des Unerträglichen ist wohl das ›Achatkloster‹

auf dem Hügel Geling. Die übrigen Sehenswürdigkeiten, wie zum Beispiel der ›Pavillon im Herzen des Sees‹ und die ›Quelle des einen von sechsen‹, haben auch ihre schönen Stellen, die man nicht alle aufzählen kann. Aber sie werden den aufdringlichen Geruch von Schminke und Puder nicht mehr los und können sich nicht mit der Abgeschiedenheit des ›Sauberen Kleinen Zimmers‹ messen, das in seiner Verfeinerung fast wie ein Werk der Natur anmutet.

Das Grab von Su der Kleinen liegt an der Brücke Xilingqiao. Als die Einheimischen es mir zum erstenmal zeigten, war es nur ein verfallener Erdhügel. Doch im siebenunddreißigsten Jahr des Sechzigerzyklus in der Ära Qianlong erkundigte sich der Kaiser auf seiner damaligen Inspektionsreise in den Süden danach, und als er im einundvierzigsten Jahr des Sechzigerzyklus das feierliche Zeremoniell der Inspektionsreise nach dem Süden wiederholte, war das Grab schon in Form eines Achtecks mit Stein verkleidet worden, und darauf stand ein Inschriftenstein mit den Worten ›Dies ist das Grab von Su der Kleinen aus Qiantang‹. Seitdem brauchen die Dichter, die der alten Zeit gedenken, nicht mehr hin und her zu suchen. Ich sage mir, die heldenhaften Männer und tugendhaften Frauen, deren Name nie überliefert wurde, sind wahrlich nicht zu zählen, und diejenigen, die schon nach kurzer Zeit in Vergessenheit geraten, sind auch noch zahlreich genug. Ein gefeiertes Freudenmädchen wie Su die Kleine dagegen ist von der Zeit der Südlichen Qi-Dynastie bis auf den heutigen Tag jedem bekannt. Liegt das vielleicht daran, daß sich ihr Seelenhauch hier gesammelt hat, um See und Berge zu schmücken?

Wenige Schritte nördlich der Brücke befindet sich die Chongwen-Akademie. Hier legte ich gemeinsam mit meinem Mitschüler Zhao Qizhi eine Prüfung ab. Es war im sechsten Monat; wir waren sehr früh aufgestanden, verließen die Stadt durch das Tor Qiantangmen, gingen am Zhaoqing-Kloster vorbei und setzten uns auf das steinerne Geländer der ›Zerbrochenen Brücke‹. Die Sonne mußte gleich aufgehen, und die Glut des Morgenhimmels spiegelte sich hinter den Weiden, es war ein Bild von wunderbarer Schönheit. Ein leichter Windhauch ging durch den Duft der weißen Lotosblüten und erfrischte einem Körper und Seele. Als wir auf unserem Fußmarsch bei der Akademie eintrafen, waren die Prüfungsthemen noch nicht ausgegeben. Nachdem wir dann am Nachmittag unsere Aufsätze abgegeben hatten, ging ich mit Qizhi zusammen in die ›Höhle der Purpurwolken‹, um dort die Kühle zu genießen. Die Höhle ist so geräumig, daß sie mehrere Dutzend Menschen faßt, und durch eine Öffnung in den Felsen dringt das Tageslicht herein. Jemand hatte niedrige Tische und Bänke aufgestellt und verkaufte Reiswein. Wir legten unsere Obergewänder ab und tranken ein wenig. Wir kosteten getrocknetes Hirschfleisch, das sich als sehr schmackhaft erwies, und aßen frische Wassernüsse und schneeweiße Lotoswurzeln dazu.

Als wir die Höhle wieder verließen, waren wir leicht berauscht. »Oben auf dem Berg gibt es eine ›Terrasse der Morgensonne‹«, sagte Qizhi. »Von

少泉聪基合作於北京

Da heulte Fengsen plötzlich laut auf und sagte:
»Ach, Mutter kommt nicht zurück!« (Seite 105)

dort aus hat man einen ungehinderten Ausblick. Wollen wir nicht hinaufsteigen?«

Mein Interesse war geweckt, und mutig kletterte ich bis auf den Gipfel, von wo aus mir der Westsee wie ein Spiegel, die Stadt Hangzhou wie eine Armbrustkugel und der Qiantang-Fluß wie ein Gürtel erschien. Hunderte *li* weit reichte der Blick. Es war der großartigste Anblick, den ich in meinem Leben gesehen habe. Als die Sonne sich anschickte unterzugehen, faßten wir uns bei der Hand und stiegen wieder hinab. Vom Nanpingshan-Berg her klang die Abendglocke.

In Taoguang und Yunqi bin ich nicht gewesen, weil der Weg zu weit war. Wegen der Aprikosenblüten beim ›Amt der Roten Tore‹ und der Palmfarne im Gugu-Tempel braucht man nicht viel Aufhebens zu machen. Von der ›Höhle der Purpursonne‹ glaubte ich, sie sei bestimmt sehenswert, aber als ich sie endlich gefunden hatte, war die Öffnung nur so groß wie ein Finger, und ein kleiner Wasserstrahl rann daraus hervor. Der Überlieferung nach befindet sich eine andere Welt in der Höhle, und ich bedauerte, daß ich keinen Eingang hineinbrechen konnte.

Zum Qingming-Fest brachte mein Lehrer das Frühlingsopfer an den Gräbern seiner Ahnen und nahm mich zu einem Ausflug dorthin mit. Die Gräber lagen in Dongyue, und in dem Dorf gab es viel Bambus. Der Grabwächter grub *maozhu*-Bambussprossen aus, die noch nicht aus der Erde gekommen waren. Sie waren birnenförmig, aber mit einer Spitze. Daraus kochte er eine Suppe, die er seinen

Gästen vorsetzte. Ich fand Geschmack daran und leerte zwei Schalen. »Oh«, sagte mein Lehrer, »das schmeckt zwar gut, aber es greift Herz und Blut an. Als Gegenmittel solltest du reichlich Fleisch essen.«

Ich bin im allgemeinen nicht gierig, aber diesmal konnte ich wegen dieser Bambussprossen kaum noch Reis essen. Auf dem Rückweg verspürte ich ein quälendes Brennen im Mund, und Lippen und Zunge schienen platzen zu wollen. Wir kamen an der Höhle ›Steinerner Saal‹ vorbei, aber sie ist nicht sehr sehenswert. Bei der ›Höhle der Wassermusik‹ wachsen auf den steilen Felswänden reichlich Glyzinen. Die Höhle ist nur so groß wie ein Kämmerchen. Eine Quelle ist da, die sehr heftig sprudelt und dabei ein helltönendes Geplätscher verursacht. Das Becken ist nur drei *chi* breit und vielleicht fünf *cun* tief, aber es läuft niemals über und trocknet auch nicht aus. Ich beugte mich darüber und trank, und sofort hörte das Brennen in meinem Mund auf. Vor der Höhle stehen zwei Pavillons. Wenn man dort sitzt, ist das Plätschern der Quelle zu hören. Ein Mönch lud uns ein, den ›Zehntausendjährigen Wasserbehälter‹ anzusehen. Dieser Wasserbehälter befindet sich in der Klosterküche und hat gewaltige Ausmaße. Durch ein Bambusrohr wird das Quellwasser hineingeleitet, und man läßt es beständig über den Rand fließen. Im Laufe der Jahre ist der Wasserbehälter mit Moos bewachsen, das gut ein *chi* lang ist. Im Winter friert das Wasser nicht ein, und deshalb entsteht kein Schaden daran.

Im achten Monat des achtunddreißigsten Jahres

des Sechzigerzyklus erkrankte mein Vater an Wechselfieber und kehrte nach Hause zurück. Fröstelnd verlangte er nach Feuer und schwitzend nach Eis. Auf mein Abraten hörte er nicht, und schließlich stellte sich Typhus ein. Sein Zustand verschlechterte sich von Tag zu Tag. Ich bediente ihn mit Suppe und Arznei und tat fast einen Monat lang kein Auge zu. Auch Yun, meine Frau, war schwerkrank und konnte nicht aufstehen, deshalb war ich in einem schlimmen Gemütszustand, der nicht zu beschreiben ist. Da rief mich mein Vater zu sich und sagte mir: »Von meiner Krankheit werde ich wohl nicht wieder aufstehen. Wenn du dich nur an ein paar Bücher klammerst, so ist das kein Weg, um satt zu werden. Ich werde dich meinem Schwurbruder Jiang Sizhai anvertrauen, und wenn du dann meinen Beruf fortführst, wirst du dein Auskommen haben.«

Am nächsten Tag erschien Jiang Sizhai, und ich mußte am Bett meines Vaters einen Stirnaufschlag vor ihm machen, um ihn als Lehrer anzuerkennen.

Bald darauf gelang es uns, den berühmten Xu Guanlian als Arzt für meinen Vater zu gewinnen, und daraufhin ging es ihm langsam wieder besser. Auch Yun kam dank der Anstrengungen des Herrn Xu wieder auf die Beine. Ich aber übe mich seit dieser Zeit als Sekretär in den Ämtern. Warum ich das hier notiere, obwohl ich damit nichts Vergnügliches mitteile? Weil es der Grund war, aus dem ich die Bücher hinwarf und zu reisen begann.

Herr Jiang Sizhai hieß mit persönlichem Namen Xiang. Im Winter desselben Jahres folgte ich ihm nach Fengxian, um in der dortigen Kreisverwaltung als Praktikant zu arbeiten. Dort hatte ich einen Gefährten, der mit Familiennamen Gu, mit persönlichem Namen Jinjian, mit Beinamen Honggan und mit Literatennamen Zixia hieß. Er kam ebenfalls aus Suzhou und war ein leidenschaftlicher, standhafter, aufrichtiger und kompromißloser Mensch. Da er ein Jahr älter war als ich, redete ich ihn mit ›älterer Bruder‹ an, und auch er nannte mich kurz entschlossen ›jüngerer Bruder‹. Wir fanden beide Gefallen aneinander, und er wurde der beste Freund, den ich je hatte. Leider starb er mit zweiundzwanzig Jahren, und ich stand wieder allein da. Inzwischen bin ich schon sechsundvierzig Jahre alt, und ich weiß nicht, ob ich wohl auf diesem endlos weiten Meer noch einmal einen guten Freund wie Honggan treffen werde. Ich kann mich erinnern, als wir eben Freundschaft geschlossen hatten, waren wir voller erhabener Gedanken und hatten immer die Idee, zurückgezogen in den Bergen zu leben.

Am 9. 9. war ich mit Honggan zusammen in Suzhou, und ein älterer Verwandter namens Wang Xiaoxia hatte mit meinem Vater, Herrn Jiafu, zusammen eine weibliche Theatertruppe eingeladen, um in unserem Haus ein Fest zu geben. Mich störte die Unruhe, und so hatte ich mich am Tag zuvor mit Honggan zu einem Ausflug in die Hanshan-Berge verabredet, um dort in die Höhe zu steigen und bei der Gelegenheit zugleich einen Platz zu suchen, wo wir uns eines Tages ein Haus bauen könnten. Yun hatte einen Korb mit Wein für uns vorbereitet.

Am nächsten Tag kam Honggan kurz vor Sonnenaufgang, um mich abzuholen. Wir nahmen also den Korb und verließen die Stadt durch das Tor Xumen, wo wir zuerst eine Nudelstube aufsuchten und uns satt aßen. Dann überquerten wir den Xujiang-Fluß und gingen zu Fuß bis zur ›Jujubenmarktbrücke‹ in Hengtang. Hier mieteten wir ein kleines Boot und erreichten die Berge, als es noch nicht einmal Mittag war. Da der Bootsführer ein umgänglicher Mensch war, beauftragten wir ihn, Reis zu kaufen und für uns zuzubereiten. Wir zwei aber gingen an Land und begaben uns zuerst zum ›Kloster des Mittleren Gipfels‹. Das Kloster befindet sich südlich von ›Zhixings Altem Kloster‹, und dem Pfad folgend, stiegen wir bergan. Das Kloster liegt tief zwischen Bäumen verborgen, an seinem Tor herrschte große Stille. Die Gegend ist abgelegen, folglich haben die Mönche nichts zu tun, um uns kümmerten sie sich aber auch nicht weiter, als sie sahen, daß wir nachlässig gekleidet waren. Da uns der Sinn nicht danach stand, das Kloster näher zu besichtigen, kehrten wir wieder um. Als wir am Boot anlangten, war der Reis schon gar.

Nach dem Essen nahm der Bootsführer den Weinkorb und folgte uns, während er seinem Sohn befahl, auf das Boot aufzupassen. Vom Hanshan aus gingen wir zum ›Kloster der Weißen Wolken‹ im ›Garten der Hohen Rechtschaffenheit‹. Von einer Veranda aus blickt man auf eine steile Felswand, an deren Fuß ein kleines Wasserbecken ausgehauen ist. Mit den Felsen und Bäumen ringsum ergibt das einen Fleck stillen Herbstwassers. Von den Felsen hängt Kletter-Ficus herab, die Mauern sind mit Moos bewachsen. Als wir auf der Veranda saßen, hörten wir nur das leise Rascheln der fallenden Blätter, und von Menschen war nichts zu spüren. Beim Hinausgehen befahlen wir dem Bootsführer, in einem Pavillon am Tor zu warten, dann stiegen wir beide durch eine Felsspalte, die ›Ein Strahl Himmel‹ genannt wird, auf gewundenen Stufen bergauf bis zum Gipfel, der ›Obere Weiße Wolke‹ heißt. Früher gab es hier ein kleines Kloster, das jetzt in Trümmern liegt. Nur ein hoher Turm steht noch da, der zwar einen weiten Ausblick gewährt, aber sonst nichts. Nach einer kurzen Rast stiegen wir, einander stützend, wieder hinab.

»Nun sind Sie in die Höhe gestiegen, haben aber den Weinkorb unten vergessen«, sagte der Bootsführer.

»Wir machen einen Ausflug, um einen Platz zu finden, wo wir gemeinsam zurückgezogen leben können«, erwiderte Honggan, »und nicht aus dem Grund, weil wir in die Höhe steigen wollen.«

»Zwei oder drei *li* weiter südlich von hier befindet sich ein Dorf Shangshacun«, sagte der Bootsführer. »Es leben viele Leute dort, es gibt aber auch noch Ödland. Ein Vetter von mir mit Namen Fan wohnt dort. Warum wollen wir nicht hingehen?«

»In diesem Dorf hat zu Ende der Ming-Zeit Xu Fang in der Abgeschiedenheit gelebt«, sagte ich froh. »Es gibt einen Garten dort, der, wie man sagt, sehr still und kultiviert ist. Da bin ich noch nie gewesen.«

Daraufhin ließen wir uns von dem Bootsführer

den Weg weisen. Das Dorf ist an einem Weg zwischen zwei Bergen gelegen. Der Garten erstreckt sich an einem Hang, ist aber ohne alle Felsen. Die alten Bäume, die dort wachsen, sind größtenteils krumm und knorrig. Die Lusthäuser und Pavillons, Fenster und Geländer sind sehr schlicht gehalten, die Zäune sind aus Bambus und die Dächer aus Stroh. Durch nichts wird der Anblick einer Behausung gestört, in der man in ländlicher Abgeschiedenheit lebt. Ein ›Gleditschienpavillon‹ ist darunter, der der schönste von allen Gartenpavillons ist, die ich je erlebt habe. Der Baum daneben ist so groß, daß ein Mann allein ihn nicht umfassen kann. Linker Hand des Gartens erhebt sich ein Berg, der im Volksmund ›Hühnerkorbberg‹ genannt wird. Der Gipfel ragt senkrecht empor, ein großer Felsen liegt darauf, der an die Felsen bei der ›Alten Grotte der Glückverheißenden Steine‹ in Hangzhou erinnert, wenn er auch nicht dieselben schönen Formen aufweist wie diese. Ein dunkler Stein daneben sieht aus wie ein Bett. Honggan legte sich darauf und sagte dann: »Hier sieht man oben die Berggipfel und unten die Gartenpavillons. Alles ist so weit und still, hier ist der rechte Ort, um zu trinken!«

Also zogen wir auch unseren Bootsführer auf den steinernen Sitz und tranken gemeinsam. Dann sangen und pfiffen wir und vergnügten uns nach Herzenslust. Als die Dörfler erfuhren, daß wir hierher gekommen waren, weil wir nach einem Platz suchten, der uns zusagte, glaubten sie fälschlich, wir seien Geomanten, und nannten uns Stellen, wo ›Wind und Wasser‹ günstig waren.

»›Wind und Wasser‹ kümmern uns nicht«, sagte Honggan ihnen darauf. »Hauptsache der Platz gefällt uns.«

Wie konnte er ahnen, daß ihm diese Worte zum Omen werden sollten!

Als die Weinkruke leer war, pflückten wir wilde Chrysanthemen und steckten sie uns auf beiden Seiten ins Schläfenhaar.

Zum Boot kamen wir zurück, als die Sonne eben untergehen wollte. Zur ersten Nachtwache war ich zu Hause, doch traf ich die Gäste noch an. »Unter den Schauspielerinnen ist eine gewisse Languan, die sich gesittet benimmt und ganz annehmbar aussieht«, sagte mir Yun unter vier Augen. Angeblich auf Befehl meiner Mutter holte ich sie herein, faßte sie am Handgelenk und sah sie schräg von der Seite her an. Tatsächlich hatte sie volle Wangen und eine glatte weiße Haut.

»Schön ist sie«, sagte ich, zu Yun gewandt. »Aber der Name entspricht nicht den Tatsachen.«

»Korpulenz verheißt Glück«, erwiderte Yun.

»Und wo blieb das Glück der Yuhuan bei der Katastrophe von Mawei?« sagte ich.

Unter einem Vorwand schickte Yun die Schauspielerin fort, dann fragte sie mich: »Du bist wohl wieder einmal ziemlich betrunken?« Anschließend berichtete ich ihr der Reihe nach von all den Orten, die wir besucht hatten, und in Gedanken folgte Yun unserem Weg und verweilte an den einzelnen Orten eine lange Zeit.

Im Frühling des vierzigsten Jahres des Sechzigerzyklus folgte ich Herrn Jiang Sizhai, der eine Stellung in Weiyang annahm, und bekam zum erstenmal die Inseln Jinshan und Jiaoshan zu sehen. Jinshan sieht aus der Ferne besser aus, Jiaoshan dagegen aus der Nähe. Leider fuhr ich nur zwischen den Inseln hindurch, ohne an Land zu gehen und sie zu besichtigen. Nachdem wir den Changjiang nordwärts überquert hatten, nahm Wang Shizhens Ausspruch ›Grüne Weiden längs der Mauern – das ist Yangzhou‹ lebendige Gestalt für mich an.

Die ›Halle, die auf gleicher Höhe mit den Bergen ist‹ liegt etwa drei oder vier *li* von der Stadt entfernt, aber der Weg dorthin beträgt acht bis neun *li*. Hier ist zwar alles von Menschenhand geschaffen, aber die Planung ist so phantastisch, daß sie die Natur nur zu unterstreichen scheint. Auch die Hängenden Gärten von Liangfeng, der Jadeteich im Kunlun und die Jadepaläste auf dem Mond können wohl nicht schöner sein. Das Wunderbare daran ist, daß hier die Gärten von über zehn Familien gleichsam einen einzigen prachtvollen Park bilden, der bis zu den Bergen reicht. Am schwierigsten war es, den Übergang von der Stadt zur Landschaft zu gestalten, dort wo sich die Gärten mehr als zehn *li* weit dicht an der Stadtmauer hinziehen. Eine Stadt wirkt ja nur malerisch, wenn sie in einer Ebene vor dem Hintergrund von Bergen liegt. Hier Gärten anzulegen ist das Dümmste, was man tun kann. Aber wenn man hier die Pavillons und Terrassen, die Mauern und Steine, den Bambus und die Bäume ansieht, die halb offen und halb versteckt sind, so fallen sie einem als Spaziergänger überhaupt nicht ins Auge. An so etwas konnte sich nur jemand heranwagen, in dessen Kopf fertige Vorstellungen davon existierten.

Wo die Stadt zu Ende ist, schließt als erstes der ›Regenbogengarten‹ an. Durch eine Wendung nach Norden kommt man zu einer steinernen Brücke, der ›Regenbogenbrücke‹. Ich weiß nicht, ob der Garten nach der Brücke oder die Brücke nach dem Garten benannt ist. Fährt man mit dem Boot unter der Brücke hindurch, gelangt man an eine Stelle, die ›Frühlingsweiden auf dem Langen Deich‹ genannt wird. Ihr Abstand von der Stadtmauer macht die wunderbare Gestaltung erst recht deutlich. Hinter einer Biegung nach Westen erhebt sich ein Erdhügel mit einem Tempel, er heißt ›Kleiner Jinshan‹. Da durch diese Erhebung die weitere Aussicht versperrt wird, entsteht ein geschlossenes Panorama. Auch das ist nicht das Werk eines Durchschnittskünstlers. Wie ich gehört habe, ist die Stelle sandig, und mehrere Versuche, den Hügel anzulegen, waren vergeblich. Erst als man ihn auf mehrere Lagen Bohlen gründete, was einige zehntausend *liang* Silber kostete, hatte man Erfolg. Aber wer kann sich so etwas leisten außer einer Kaufmannsfamilie?

Als nächstes kommt man zum ›Turm des vortrefflichen Anblicks‹, wo man Jahr für Jahr den Wettfahrten auf dem Fluß zuschaut, der hier recht breit ist. In Nordsüdrichtung überspannt ihn die ›Lotosblütenbrücke‹. Die Brückendurchfahrt ist nach acht Seiten geöffnet. Auf der Brücke stehen fünf Pavillons, die von den Einwohnern von Yangzhou ›vier Teller und ein Feuertopf‹ genannt werden. Die Anlage ist zu ausgeklügelt und aufwendig,

»Sind Sie nicht Cao aus Taizhou?« fragte ich. (Seite 103)

um einen so recht zufriedenstellen zu können. Südlich der Brücke liegt das ›Kloster des Herzens der Lotosblume‹, in dem sich eine weiße Lamapagode erhebt. Sie ist mit einer goldenen Spitze verziert und ragt bis hoch in die Wolken. Die Wände der Hallen und die roten Mauern liegen im Schatten von Kiefern und Lebensbäumen, ständig sind Glokken und Klangsteine zu hören. So etwas gibt es sonst in keinem Garten des Reiches.

Hat man die Brücke passiert, wird ein dreistöckiges Gebäude mit buntbemalten Balken und hoch aufragenden Dachtraufen sichtbar. Es leuchtet in allen Farben, Steine aus dem Taihu-See sind vor ihm aufgetürmt, und umgeben ist es mit weißen Steinbalustraden. Sein Name lautet ›Der Ort, wo bunte Wolken zahlreich sind‹. Es ist sozusagen das Kernstück des Ganzen, vergleichbar dem Mittelteil eines literarischen Aufsatzes.

Wenn man hier vorüber ist, kommt die Stelle ›Morgensonne über Shugang‹. Es ist ein flaches Gelände, das keine Merkwürdigkeiten aufweist und nur ein Bindeglied darstellt.

Je näher man den Bergen kommt, desto mehr verengt sich der Fluß. Hier sind Erdhügel aufgehäuft, die man mit Bambus und Bäumen bepflanzt hat, und der Fluß macht vier oder fünf Wendungen, so daß man den Eindruck gewinnt, hier sei der Weg zu Ende. Dann aber wird es plötzlich weit und licht, und der ›Wald der Zehntausend Kiefern‹ von Pingshan steht vor einem.

Die Inschrift ›Pingshantang‹ — ›Halle, die auf gleicher Höhe mit den Bergen ist‹ — hat Ouyang

Xiu geschrieben. Hier befindet sich in einer künstlichen Grotte die echte ›Fünftbeste Quelle östlich des Huai‹. Es ist einfach ein Brunnen, das Wasser schmeckt genauso wie das aus der ›Himmelsquelle‹. Die von dem eisernen Brunnengeländer mit sechs Öffnungen eingefaßte Quelle am ›Lotospavillon‹ ist eine Fälschung. Ihr Wasser ist ungenießbar.

Der ›Garten der Neun Gipfel‹ liegt am südlichen Stadttor. Die Gegend ist abgeschieden, friedlich und reich an einem eigenen, natürlichen Charme. Meiner Ansicht nach ist dies der beste der hiesigen Gärten. Am Berg Kangshan bin ich nicht gewesen und weiß nicht, wie es dort aussieht.

Ich habe hier nur die großen Umrisse geschildert, all die meisterhaft gestalteten und einmalig schönen Stellen kann man nicht vollzählig aufführen. Das Ganze muß man wahrscheinlich eher als schöne Dame in prunkvollem Schmuck betrachten denn als Dorfschönheit, die im Bach ihre Seide wäscht. Es traf sich so, daß das feierliche Zeremoniell einer Inspektionsreise nach dem Süden bevorstand, alle Arbeiten schon abgeschlossen waren und eben der Empfang des kaiserlichen Zuges geprobt wurde. So konnte ich den Anblick in seiner ganzen Pracht genießen. So gut trifft es sich selten im menschlichen Leben.

Im Frühling des einundvierzigsten Jahres des Sechzigerzyklus ging ich meinem Vater zur Hand, als er Sekretärsdienste beim Kreisvorsteher He in Wujiang leistete. Dort arbeitete ich zusammen mit den Herren Zhang Pinjiang aus Shanyin, Zhang Yingmu aus Wulin und Gu Aiquan vom Tiaoxi-

Bach. Wir richteten die kaiserliche Residenz in Nandouyu her, und ich hatte zum zweitenmal Gelegenheit, das kaiserliche Antlitz zu sehen.

Eines Abends bekam ich plötzlich Lust, nach Hause zu fahren. Es ging eben eines der kleinen Kurierboote mit zwei Heck- und zwei Seitenriemen, die sonst wie mit Flügelschlägen über den Taihu-See jagen und in Suzhou im Volksmund ›Wasserrenner‹ genannt werden, und im Nu war ich an der Brücke Wumenqiao. Wäre ich auf einem Kranich durch die Luft geritten, hätte ich nicht so geisterhaft schnell sein können. Als ich nach Hause kam, war noch nicht einmal das Abendessen gar.

In meiner Heimat liebte man schon immer Glanz und Prunk, in diesen Tagen aber strebte man noch mehr als früher nach allem, was ausgefallen und prächtig war. Bunte Laternen blendeten die Augen, laute Musik gellte in den Ohren. Was bei den Alten ›bemalte Balken und geschnitzte Pfeiler‹, ›Perlenvorhänge und gestickte Portieren‹, ›jadene Balustraden‹ und ›brokatene Sichtblenden‹ genannt wird, kann nicht prunkvoller gewesen sein. Meine Freunde schleppten mich hierhin und dorthin, und ich half ihnen, Blumen zu stecken und Seidengirlanden zu knüpfen. Hatten wir frei, dann fanden sich Gleichgesinnte zusammen, um tüchtig zu trinken und lauthals zu singen oder nach Herzenslust umherzustreifen und zu schauen. In der Jugend ist man wild und ausgelassen, kennt weder Müdigkeit noch Erschöpfung. Aber hätte ich wohl so viel zu sehen bekommen, wenn ich zwar in unserer glanzvollen Epoche, aber in irgendeinem Krähwinkel gelebt hätte?

Noch im selben Jahr wurde der Kreisvorsteher He wegen irgendeines Vorfalls abgelöst, und mein Vater folgte einer Einladung des Kreisvorstehers Wang nach Haining. In Jiaxing kam ein gewisser Liu Huijie, der in seinem Hause nach den buddhistischen Geboten lebte, um meinem Vater seinen Respekt zu bezeugen. Er wohnte neben dem ›Turm des Nebels und des Regens‹, und ein mehrstöckiges Gebäude mit Blick auf den Fluß hieß ›Wasser-und-Mond-Herberge‹. Hier las er die Sutras, an einem Ort, sauber wie eine Mönchszelle. Der ›Turm des Nebels und des Regens‹ liegt inmitten des Spiegelsees. Ringsum am Ufer stehen grüne Weiden, aber leider gibt es nicht viel Bambus. Von einer flachen Terrasse aus hat man einen weiten Blick. Fischerboote lagen wie Sterne verstreut auf den stillen Wellen, ein Bild wie geschaffen für eine mondhelle Nacht. Die Mönche bereiteten dort sehr wohlschmeckende vegetarische Speisen zu.

Als wir in Haining angekommen waren, arbeitete ich dort mit Shi Xinyue aus Baimen und Yu Wuqiao aus Shanyin zusammen. Shi Xinyue hatte einen Sohn namens Zhuheng, der friedfertig und schweigsam war, liebenswürdig und edelsinnig. Wir wurden eng miteinander vertraut, und er war der zweitbeste Freund meines Lebens. Leider hatten wir uns nur durch Zufall getroffen und blieben nicht lange zusammen.

Ich machte einen Ausflug in den ›Garten der Ruhigen Wogen‹ der Familie Chen. Er bedeckt eine Fläche von hundert *mu* und verfügt über zahlreiche Wandelgänge und hohe Gebäude. Der Teich ist sehr breit, eine Brücke führt in sechsfachem Zickzack darüber hinweg. Die Steine sind ganz von Glyzinen überwuchert, so daß alle Spuren der Bearbeitung verdeckt sind. Die zahlreichen uralten Bäume scheinen geradewegs in den Himmel zu ragen. Vögel sangen und Blüten fielen, ich kam mir vor wie tief im Gebirge. Alles war Menschenwerk und schien doch von Natur zu sein. Von sämtlichen Gärten mit künstlichen Felsen, die auf ebenem Gelände angelegt sind, ist dies der beste.

Im ›Duftblütenturm‹ gab es ein Festessen, und der Blütenduft überdeckte jeden anderen Geschmack, nur Sojawürze und Ingwer hatten ihren eigentlichen Geschmack behalten. ›Das Wesen von Ingwer und Zimtrinde ist es, daß sie mit zunehmendem Alter immer schärfer werden.‹ Man könnte sie mit treuen alten Beamten vergleichen, die ehrlich und ohne Falsch sind.

Außerhalb des südlichen Stadttors liegt das Meer. Jeden Tag ist zweimal Flut, die wie ein zehntausend *zhang* langer silberner Deich über das Meer gezogen kommt. Es gibt Boote, die extra auf die Flut warten. Wenn die Flutwelle herannaht, wenden sie sich ihr entgegen. Am Bug dieser Boote ist ein Brett von der Form eines großen Schwertes mit langem Griff angebracht. Drückt man es hinunter, dann wird die Flutwelle damit zerschnitten, und das Boot taucht ins Wasser. Im nächsten Augenblick schwimmt es wieder oben, dreht sich herum und schwimmt mit der Flut. Dann legt es in kürzester Zeit hundert *li* zurück.

Auf dem Deich steht eine Pagode. Von hier aus

beobachtete ich in der Nacht des Mittelherbstfestes gemeinsam mit meinem Vater die Flutwelle. Dreißig *li* weiter nach Osten liegt der ›Spitze Berg‹, ein einsamer Felsen, der ins Meer hineinragt. Auf seinem Gipfel steht eine Halle mit einer Inschriftentafel ›Weit ist das Meer, leer ist der Himmel‹. Hier kann man bis in die unendliche Ferne sehen, aber man sieht nur tosende Wogen, die mit dem Himmel zusammenfließen.

Als ich fünfundzwanzig Jahre alt war, folgte ich einem Ruf des Kreisvorstehers Ke nach Jixi in der Präfektur Huizhou. In Wulin bestieg ich ein Boot vom *jiangshan*-Typ, und als wir am Berg Fuchunshan vorbeikamen, erklomm ich ›Zilings Angelterrasse‹. Die Terrasse ist ein vorspringender Felsen am Hang des Berges und liegt mehr als zehn *zhang* über dem Wasser. Kann denn das Wasser in der Han-Zeit mit diesem Felsvorsprung auf einer Ebene gelegen haben? In einer Mondnacht ankerten wir in Jiekou, wo ein Kommandeur der Lokaltruppen seinen Amtssitz hat. Es sah ganz so aus, wie es im Gedicht heißt:

Zwischen hohen Bergen wirkt der Mond recht klein,
sinkt der Wasserspiegel, tritt hervor der Stein.

Von den Huangshan-Bergen habe ich leider nur den Fuß gesehen und kein einziges Mal das Gesicht.

Die Stadt Jixi liegt inmitten unzähliger Berge. Sie ist nur so klein wie eine Armbrustkugel, ihre Einwohner sind schlicht und bieder. Nahe bei der Stadt gibt es einen ›Steinspiegelberg‹. Wenn man den

Windungen des Bergweges etwa ein *li* weit folgt, kommt man zu steilen Hängen, zwischen denen stürmische Wasserläufe dahinschießen und die geradezu triefen von feuchtem Grün. Auf halber Höhe des Berges liegt ein quadratischer Steinpavillon, umgeben von schroffen Felswänden. Links neben dem Pavillon ist der Fels glatt wie ein Setzschirm, und der dunkle Stein glänzt so, daß man sich darin spiegeln kann. Der volkstümlichen Überlieferung nach konnte man sich darin in seiner vorigen Existenzform sehen, und als Huang Chao hierher kam, erblickte er sich in Affengestalt, darum legte er Feuer, und seitdem hat sich diese Erscheinung verloren.

Zehn *li* von der Stadt entfernt gibt es eine ›Höhlenwelt der Feuerwolken‹. Dort zeigen die Felsen gewundene Muster, sie sind steil und zerklüftet, wie es der Malweise von Wang Meng entspricht, doch es liegt keine Ordnung darin. In der Höhle sind die Steine sämtlich dunkelrot. Nebenan liegt in Abgeschiedenheit und Stille ein kleines Kloster. Hier hatte der Salzhändler Cheng Xugu ein Essen ausgerichtet, als er mich zu einem Ausflug einlud. Unter anderem waren fleischgefüllte Dampfbrötchen auf dem Tisch, und ein kleiner Novize schaute so lange unverwandt darauf, bis ich ihm vier Stück abgab. Beim Abschied wollten wir den Mönchen zwei Silbertaler für ihre Mühen überreichen, aber sie kannten so etwas nicht und nahmen sie deshalb nicht an. Wir sagten ihnen, für einen Silbertaler könne man über siebenhundert Bronzemünzen eintauschen, aber weil es in der näheren Umgebung keine Möglichkeit zum Wechseln gab, nahmen sie sie immer noch nicht. Also legten wir zusammen, was jeder an Bronzemünzen bei sich hatte, es waren sechshundert Stück, und gaben sie ihnen. Dieses Geschenk nahmen sie bereitwillig und mit Dank an. Ein andermal ging ich mit meinen Gefährten wieder dorthin, und wir nahmen uns Essen in einem Korbbehälter mit. Da sagte ein alter Mönch zu mir: »Letztens hat unser kleiner Novize irgend etwas gegessen und hat dann Durchfall bekommen. Gebt ihm diesmal nichts!«

Daran sieht man, daß ein Vegetariermagen kein Fleisch verträgt, und der kleine Novize war sehr zu bedauern. Zu meinen Gefährten sagte ich dann: »Als Mönch muß man unbedingt in einer solchen abgelegenen Gegend leben, wo man bis ans Ende seiner Tage nichts hört und nichts sieht. In meiner Heimat am ›Tigerhügel‹ sieht man den ganzen Tag nur verführerische Knaben und bezaubernde Freudenmädchen, man hört die Musik von Streich- und Blasinstrumenten und ist von den Wohlgerüchen herrlicher Speisen und süffiger Weine umgeben. Wie soll da der Körper wie totes Holz und das Herz wie kalte Asche werden?!«

Dreißig *li* von der Stadt entfernt liegt ein Ort namens Renli, wo alle zwölf Jahre eine Blumen- und Früchtemesse abgehalten wird. Alle bringen ihre Topfbäumchen, um miteinander zu wetteifern. Als ich in Jixi war, fand eben eine solche Messe statt, und frohgemut wollte ich mich auf den Weg machen; der Kummer war nur, daß keine Sänfte und kein Pferd zu bekommen waren. Also zeigte ich den Leuten, wie man Bambusstangen an einen Stuhl binden kann, um so einen Tragstuhl daraus zu machen, und mietete Träger, die mich damit auf die Schultern nahmen und hintrugen. Begleitet wurde ich nur von einem Kollegen namens Xu Ceting. Alle, die uns sahen, lachten verwundert. Als wir ankamen, fanden wir dort einen Tempel, von dem ich nicht weiß, welcher Gottheit er geweiht ist. Auf einem freien Platz vor dem Tempel war eine hohe Bühne aufgeschlagen, deren bemalte Balken und eckige Säulen großartig und glanzvoll wirkten. Aus der Nähe betrachtet, erwies es sich, daß alles nur mit Papier umwickelt war, das man bunt bemalt und lackiert hatte. Plötzlich waren Gongschläge zu hören, und es näherten sich vier Männer, jeweils zu zweit trugen sie eine Kerze, so groß wie abgebrochene Säulen. Acht weitere Männer trugen ein Schwein von der Größe eines Ochsen. Wahrscheinlich hatte man es gemeinschaftlich zwölf Jahre lang gemästet, um es jetzt zu schlachten und dem Gott als Opfer darzubringen. Lachend bemerkte Ceting: »Dieses Schwein hat wahrhaftig ein langes Leben hinter sich, aber der Gott muß auch scharfe Zähne haben. Könnte ich wohl meine Freude daran finden, wenn ich an seiner Stelle wäre?«

»Immerhin sieht man daran, wie aufrichtig die Leute auf ihre einfältige Art dem Gott ergeben sind«, sagte ich.

Wir gingen in den Tempel, und die Topfbäumchen, die man dort in den Gängen und Höfen aufgestellt hatte, waren weder gestutzt noch knotig. Als schön galt, was alt und bizarr aussah. Es waren meistens Kiefern aus den Huangshan-Bergen. Dann begann die Theatervorstellung, und die Leute strömten herbei wie eine Flutwelle, weshalb ich mich mit Ceting in Sicherheit brachte. Noch bevor zwei Jahre um waren, hatte sich das Einvernehmen mit meinen Kollegen getrübt, und ich kehrte verärgert nach Hause zurück.

Seit meiner Reise nach Jixi konnte ich die Gemeinheiten, die an diesen betriebsamen Stätten begangen werden, nicht mehr mit ansehen, weshalb ich den Stand eines Schriftgelehrten aufgab und Kaufmann wurde. Der Ehemann einer Tante väterlicherseits, der Yuan Wanjiu hieß, verdiente seinen Lebensunterhalt in Xianrentang am Panxi-Bach mit der Reisweinherstellung. Ich legte mit Shi Xingeng Geld zusammen, und wir beteiligten uns an dem Geschäft. Aber Yuans Wein wurde über das Meer verkauft, und als es nach nicht einmal einem Jahr auf Taiwan zu den Unruhen unter Lin Shuangwen kam und die Seewege abgeschnitten waren, blieb die Ware liegen, so daß wir unser Geld einbüßten. Ob ich wollte oder nicht, ich mußte als ein neuer Feng Fu zu meiner ursprünglichen Tätigkeit zurückkehren und arbeitete vier Jahre lang nördlich des Changjiang als Sekretär, ohne in dieser Zeit eine Reise zu machen, über die ich berichten könnte.

Als wir dann im ›Haus der Stille und Frische‹ ein Leben wie die Unsterblichen führten, kam Xu Xiufeng, der Mann einer meiner Kusinen, aus Guangdong zurück, und als er sah, daß ich keine Beschäftigung hatte, sagte er enthusiastisch: »Als

露宿神祠
寒碧
歲次丁卯仲春
少泉昭基合作於北京

Dann fand ich ein Bodengott-Tempelchen … (Seite 115)

Amtsschreiber zu leben ist nichts für die Dauer. Warum willst du mich nicht auf einer Reise begleiten, die mich in die Gegend südlich der Fünf Bergketten führt? Du würdest bestimmt keinen geringen Gewinn dabei erzielen.«

Auch Yun redete mir zu: »Du solltest die Zeit nutzen, da deine Eltern noch rüstig sind und du selbst noch kräftig bist. Ist es nicht besser, mit einmaliger Anstrengung für endgültiges Wohlbehagen zu sorgen, als sein Glück darin zu suchen, daß man Reisig sammelt und gegen Reis eintauscht?«

Ich beriet mich also mit allen Bekannten und brachte ein kleines Kapital zusammen, und Yun kümmerte sich selbst um Stickereien, Suzhou-Wein, in Schnaps eingelegte Krabben und andere Dinge, die es südlich der Fünf Bergketten nicht gibt. Dann verständigte ich meine Eltern, und am 10. Tag des 10. Monats brach ich mit Xiufeng auf. Wir fuhren über Dongba und kamen in Wuhu heraus. Meine erste Reise auf dem Changjiang machte mir viel Freude. Jeden Abend, wenn das Boot festgemacht hatte, trank ich unbedingt ein wenig am Bug. Ich sah einen Fischer, dessen Senknetz nicht einmal drei *chi* lang war, Maschen von ungefähr vier *cun* Größe und an den vier Ecken eiserne Ringe hatte, wohl damit es schneller sank. Ich lachte und sagte: »Der Heilige hat uns zwar gelehrt, kein feinmaschiges Netz zu verwenden, aber wie kann man in einem Netz mit so großen Öffnungen überhaupt etwas fangen?!«

»Das ist extra zum Fang von Brachsen so eingerichtet«, erklärte mir Xiufeng.

Ich sah dann, wie der Fischer das Senknetz an ein langes Seil band und mal hinunterließ, mal heraufholte, als ob er feststellen wollte, ob Fische da wären oder nicht. Es dauerte nicht lange, da zog er es plötzlich aus dem Wasser, und eine Brachse steckte in den Maschen. Seufzend bemerkte ich: »Da sieht man, daß die eigenen Vorstellungen nie ausreichen, um alle Rätsel zu durchschauen.«

Eines Tages erblickten wir einen einzelnen Gipfel, der mitten aus dem Strom aufragte und nirgends ringsum eine Stütze hatte. »Das ist der Kleine Gushan«, sagte Xiufeng zu mir.

Im bereiften Wald lagen hier und da Tempel und Türme verstreut, aber wir fuhren mit günstigem Wind vorüber, und so konnte ich die Insel nicht besichtigen.

Als wir an den ›Turm des Prinzen von Teng‹ kamen, war es damit dasselbe, als wenn man die ›Halle der Verehrung der Klassiker‹ in der Präfekturschule bei uns in Suzhou an den Großen Kai beim Stadttor Xumen verlegen würde. Dem, was Wang Bo in seinem Vorwort sagt, darf man nicht trauen.

Unterhalb des Turms stiegen wir in ein Boot mit ›hohem Schwanz und erhobenem Kopf‹ um, das Sampan heißt. Damit fuhren wir über Ganguan bis Nan'an, wo wir an Land gingen. Es war eben mein dreißigster Geburtstag, und Xiufeng ließ Nudeln auftragen, um mir zu gratulieren. Am nächsten Tag überschritten wir den Dayu-Paß. Auf der Paßhöhe steht ein Pavillon mit der Inschriftentafel ›Wenn man den Kopf hebt, ist einem die Sonne nahe‹, was ausdrücken soll, wie hoch der Ort liegt. Der Berg ist in zwei Teile gespalten, auf beiden Seiten ragen Steilwände auf, zwischen denen eine steinerne Gasse hindurchführt. An ihrem Eingang stehen zwei Inschriftensteine. Der eine sagt: ›Wenn einen der Strom am reißendsten trägt, soll man sich kühn zurückziehen‹, und der andere: ›Wenn man Erfolg gehabt hat, darf man nicht weitergehen‹. Am Gipfel steht ein ›Gedächtnistempel des Generals Mei‹, ich konnte nicht feststellen, unter welcher Dynastie der Mann gelebt hat. Von den Aprikosenbäumen, die auf dem Paß wachsen sollen, ist in Wirklichkeit kein einziger da. Vielleicht heißt der Paß Meiling (›Aprikosenpaß‹) wegen des Generals Mei. Die Aprikosenbäumchen in Töpfen, die ich mitgenommen hatte, um sie zu verschenken, hatten hier, als schon beinahe der zwölfte Monat anbrach, die Blüten verloren, und ihre Blätter wurden gelb.

Als wir den Paß überquert hatten und wieder aus der Schlucht herauskamen, spürte man sofort, daß die Landschaft eine andere war.

Westlich des Passes war in einem Berg eine schön geformte Höhle zu sehen, den Namen habe ich vergessen. Die Sänftenträger sagten: »Es stehen die Betten von Unsterblichen darin.« Aber wir zogen eilig weiter und haben uns die Höhle zu meinem Bedauern nicht angesehen.

Als wir nach Nanxiong kamen, mieteten wir dort ein ›Altes Drachenboot‹ *(laolongchuan)*. In Foshan sah ich im Vorbeifahren, daß die Leute viele Topfblumen auf den Mauern zu stehen hatten. Die Blätter sahen aus wie die der Stechpalme und die Blüten wie die der Päonie, es gab sie in Dunkelrot, Weiß und Rosa. Es müssen wohl Kamelien gewesen sein.

Erst zum Vollmond des zwölften Monats kamen wir in der Provinzhauptstadt an und stiegen innerhalb des Stadttors Jinghaimen ab, wo wir bei einem gewissen Wang Räume von drei Säulenzwischenräumen Breite mit Blick auf die Straße mieteten. Xiufeng verkaufte alle seine Waren an Beamte, und ich folgte seinem Beispiel, schrieb eine Liste und machte Besuche. Pausenlos kamen dann Leute, denen eine Hochzeit ins Haus stand, um sich etwas zu holen, und in nicht einmal zehn Tagen hatte ich alles verkauft.

Am letzten Tag des alten Jahres war das Mückengesumm noch laut wie Donner. Zu den Gratulationen am Neujahrstag trugen manche Leute ein wattiertes Gewand und darüber einen Überwurf aus Seidengaze. Nicht nur die Witterung ist hier völlig anders als bei uns, auch die alteingesessene Bevölkerung hat, obwohl sie dieselben Sinnesorgane besitzt, einen ganz anderen Gesichtsausdruck.

Zum Vollmond im ersten Monat luden uns drei befreundete Landsleute aus der hiesigen Verwaltung zu einer Fahrt auf dem Fluß ein, um die Freudenmädchen anzusehen. Dazu sagt man ›eine Runde auf dem Wasser drehen‹. Die Freudenmädchen werden *laoju* genannt.

Wir gingen also gemeinsam durch das Tor Jinghaimen hinaus und stiegen in ein kleines Boot, das aussah wie eine halbierte Eierschale und mit Bambusgeflecht überdacht war. Zuerst fuhren wir nach der Insel Shamian, wo die Boote der Freudenmädchen ›Blumenboote‹ *(huating)* heißen und Bug an Bug in Zweierreihen nebeneinander liegen. Dazwischen sind Gassen frei gelassen, in denen kleinere Boote hin und her fahren können. Jede Gruppe bestand aus zehn bis zwanzig Booten, die zum Schutz vor dem Seewind an querliegenden Brettern angebunden waren. Jeweils zwischen zwei Booten war ein Pfahl eingeschlagen, an dem sie mit Rotangringen befestigt waren, damit sie je nach Ebbe oder Flut fallen oder steigen konnten.

Die Kuppelmütter werden *shutoupo* (›Alte mit frisiertem Kopf‹) genannt. Sie tragen ein Gestell aus Silberdraht auf dem Kopf, das ungefähr vier *cun* hoch ist, innen hohl bleibt und außen mit dem Haar umwickelt wird. An der Schläfe tragen sie eine Blüte, die mit einem Ohrlöffel-Haarpfeil festgesteckt ist. Der Oberkörper ist mit einer halblangen schwarzen Jacke bekleidet, die Beine mit langen schwarzen Hosen, die bis auf den Fußrücken reichen. Um die Taille binden sie ein rotes oder ein grünes Tuch, und an den bloßen Füßen tragen sie Schuhe, die so aussehen wie die der Darsteller von Frauenrollen auf der Bühne. Wenn man zu ihnen an Bord kommt, begrüßen sie einen lächelnd mit einer Verbeugung und öffnen den Vorhang zur Kajüte. Drinnen stehen auf beiden Seiten Stühle und Hocker, in der Mitte befindet sich ein großes Ofenbett, eine Tür führt aufs Achterdeck.

Als die Alte rief, es seien Gäste da, ertönte sofort das Klappern von Schuhen, und die Mädchen erschienen. Die einen trugen das Haar in einem Knoten, die anderen hatten es zu Zöpfen geflochten und zu Schnecken eingerollt. Sie waren so gepudert, daß ihre Gesichter aussahen wie eine getünchte Wand, und ihr Lippenrot brannte wie Granatapfelblüten. Entweder trugen sie grüne Jacken und rote Hosen oder rote Jacken und grüne Hosen. Manche trugen kurze Strümpfe und darüber Schuhe, die mit Schmetterlingsmustern bestickt waren, andere waren barfuß und trugen silberne Reifen um die Knöchel. So setzten sie sich aufs Ofenbett oder lehnten sich an die Tür, ihre Augen blitzten, aber sie sagten kein Wort. »Was bedeutet das?« fragte ich, an Xiufeng gewandt.

»Wenn du dich durch Blicke mit einer verständigt hast, mußt du sie heranwinken, dann erst kommt sie«, erklärte er mir.

Ich versuchte es mit einer, und tatsächlich trat sie sofort mit einem Lächeln heran, holte Betel aus dem Ärmel und bot ihn mir an. Ich steckte ihn in den Mund und begann zu kauen, aber der Geschmack war so unerträglich herb, daß ich ihn hastig wieder ausspuckte. Als ich mir mit Papier die Lippen abwischte, war mein Speichel rot wie Blut. Die ganze Gesellschaft lachte lauthals über mich.

Danach fuhren wir zum Arsenal. Die Aufmachung der Mädchen war hier genauso, der einzige Unterschied bestand darin, daß jung und alt die Laute spielen konnte. Als ich eine ansprach, erwiderte sie: »*Mi?*« (*Mi* bedeutet ›Was?‹).

»Wenn man sagt: ›In der Jugend soll man nicht nach Guangzhou fahren‹, so ist doch gemeint, daß einem hier die Mädchen die Sinne betören. Aber was ist betörend an diesem unkultivierten Aufzug und dieser barbarischen Sprache?« fragte ich verwundert.

»Bei der Chaozhou-Truppe sind sie schön wie Feen gekleidet«, erwiderte einer meiner Freunde. »Wir können ja einmal dorthin fahren.«

Als wir hinkamen, lagen die Boote dort in derselben Ordnung wie bei Shamian. Ihre berühmte Kuppelmutter Suniang war zurechtgemacht wie eine ›Blumentrommel‹-Tänzerin. Die Mädchen trugen Gewänder mit langem Kragen und hatten Amulett-Schlösser um den Hals. Ihre Haare reichten vorn bis zu den Brauen, hinten fielen sie bis auf die Schultern, und in der Mitte waren sie zu einem Knoten geschlungen, wie man ihn sonst bei Sklavenmädchen kennt. Die mit geschnürten Füßen hatten einen Rock angezogen, die anderen kurze Strümpfe, ›Schmetterlingsschuhe‹ und lange Hosen. Ihre Sprache war zwar halbwegs verständlich, aber ihre seltsame Aufmachung hatte mein Interesse doch gedämpft.

»Auf dem gegenüberliegenden Flußufer beim Tor Jinghaimen gibt es eine Yangzhou-Truppe, wo die Mädchen nach Suzhou-Art gekleidet sind«, sagte Xiufeng. »Dort findest du bestimmt eine, die dir gefällt.«

»In dieser sogenannten Yangzhou-Truppe stammen nur eine Kuppelmutter, die Witwe Shao, und ihre Schwiegertochter Dagu aus Yangzhou«, erläuterte einer meiner Freunde. »Alle anderen kommen aus Guangdong, Hunan und Jiangxi.«

Bei der Yangzhou-Truppe lag nur ein gutes Dutzend Boote in einer Zweierreihe. Die Mädchen trugen alle ›Wolkenfrisuren‹, sie waren dezent geschminkt, hatten weite Ärmel und lange Röcke, und ihre Aussprache war deutlich. Die Witwe Shao empfing uns freundlich und aufmerksam.

Einer meiner Freunde rief dann ein Restaurantboot heran, um uns einzuladen, und bat uns, wir sollten uns jeder ein Mädchen aussuchen. (Die größeren dieser Restaurantboote heißen *henglou*, die kleineren *shaguting*.) Ich wählte ein Küken, das mich in Gestalt und Gesicht an Yun, meine Frau, erinnerte und ganz kleine Füße hatte. Ihr Name war Xi'er. Xiufeng suchte sich eine gewisse Cuigu aus, die übrigen hatten ihre festen Bekanntschaften. Wir ließen das Boot dann in der Strömung treiben und tranken nach Herzenslust. Um die erste Nachtwache herum wollte ich in unser Quartier zurückkehren, weil ich befürchtete, ich würde mich nicht beherrschen können. Aber da waren die Stadttore schon längst geschlossen. Man schließt sie in den Küstenstädten sofort mit dem Sonnenuntergang, was ich nicht wußte.

Als unser Zechgelage zu Ende war, legten sich die einen hin und rauchten Opium, andere hielten ein Mädchen im Arm und schäkerten. Ein Sklave brachte Kissen und Decken und wollte uns allen nebeneinander das Bett machen. Leise fragte ich Xi'er: »Können wir bei dir auf dem Boot schlafen?«

»Es ist ein *liao* da, aber ich weiß nicht, ob es besetzt ist oder nicht«, antwortete sie. (Ein *liao* ist ein Aufbau oben auf dem Boot.)

»Fahren wir hin und sehen wir nach!« sagte ich.

Wir riefen einen kleinen Kahn heran und ließen uns zum Boot der Witwe Shao bringen. Dort leuchteten die Lampen auf allen Booten der Truppe in zwei Reihen wie in einem Wandelgang. Das *liao* war nicht besetzt, und die Kuppelmutter, die uns lächelnd entgegenkam, sagte: »Ich wußte, daß unser geehrter Gast heute kommen würde, darum habe ich den Platz extra frei gehalten.«

»Ihr seid wirklich eine Fee unter Lotosblättern!« sagte ich lächelnd.

Dann führte uns ein Sklave mit einer Kerze hinter der Kajüte eine Treppe hinauf in eine kleine Kammer, in der es an der Seite ein langes Bett gab, sogar ein Tischchen war vorhanden. Durch eine Tür, die mit einem Vorhang verhängt war, gelangten wir in den Raum über der Kajüte. Auch hier stand ein Bett auf der einen Seite. Das quadratische Mittelfenster war verglast, so daß der Raum auch ohne Lampe erleuchtet war. So hell schienen die Lichter der anderen Boote. Decken, Bettvorhänge und Spiegelkästchen waren prächtig.

»Wir können uns vom Kajütendach aus den Mond ansehen!« schlug Xi'er vor. Also öffneten wir ein Fenster über der Treppe, durch das wir hinausstiegen, und dann waren wir auf dem Dach am Heck, das auf drei Seiten durch ein niedriges Geländer begrenzt wurde. Der Mond hing hell und kreisrund am unendlichen Himmel über der weiten Wasserfläche. Kreuz und quer wie ausgestreutes Laub trieben die Restaurantboote über den Fluß, funkelnd wie Sterne leuchteten ihre Lichter. Dazwischen glitten noch kleine Kähne auf und ab, und das Rauschen der Flut mischte sich in die Musik von Saiten- und Blasinstrumenten. Alles war dazu angetan, die Sinne zu erregen. ›Das muß es sein, warum man in der Jugend nicht nach Guangzhou fahren soll‹, dachte ich mir. ›Schade, daß ich Yun nicht hierher mitnehmen kann!‹ Ich wandte den Kopf nach Xi'er, und im Mondlicht glich sie Yun noch mehr. Da faßte ich sie bei der Hand, führte sie in die Kammer zurück, blies die Kerze aus und legte mich ihr zur Seite.

Am nächsten Morgen erschienen Xiufeng und die anderen lärmend an Bord, kaum daß es hell wurde. Rasch zog ich mir etwas über und ging ihnen entgegen. Alle machten sie mir Vorwürfe wegen meiner Flucht.

»Ich hatte einfach Angst, ihr könntet die Bettvorhänge aufziehen und meine Zudecke hochheben«, sagte ich. Dann kehrten wir gemeinsam in unser Quartier zurück.

Einige Tage später besuchte ich mit Xiufeng das ›Seeperlenkloster‹, das mitten im Wasser liegt, von einer Mauer umgeben wie eine Festung. Von der Mauer bis zum Wasser sind es etwa fünf *chi*. Die Mauer hat Öffnungen, in denen zum Schutz vor Piraten Kanonen stehen. Die Kanonen steigen mit der Flut und sinken mit der Ebbe, so daß ihre Mündungen scheinbar immer auf der gleichen Höhe stehen. Auch das ist ein Prinzip, das man nicht durchschaut.

Die dreizehn ausländischen Faktoreien befinden sich westlich des Stadttors Youlanmen. Ihre Bauweise ist so, wie man es auf den ausländischen Bil-

丁卯春月 少泉昭基合寫於北京
陳芸病危
石磊書

Yun griff nach meiner Hand und wollte noch etwas sagen … (Seite 123) dern sieht. Auf dem gegenüberliegenden Flußufer dehnen sich die ›Blumenfelder‹ aus, auf denen viele Pflanzen blühen. Hier ist der Blumenmarkt von Guangzhou. Ich hatte immer gedacht, es gäbe keine Blume, die ich nicht kennen würde, aber hier waren mir nur sechs oder sieben von zehn bekannt. Als ich mich nach ihren Namen erkundigte, waren welche dabei, die im *Kanon der gesammelten Düfte* nicht enthalten sind. Oder erklärt sich ihr Fehlen daraus, daß ihre Namen im hiesigen Dialekt anders ausgesprochen werden?

Das Kloster ›Haichuangsi‹ hat gewaltige Ausmaße. Innen am Klostertor steht ein Banyanbaum, der so groß ist, daß ihn zehn Männer gerade so umfassen können, und er spendet dichten Schatten wie ein riesiger Schirm. Auch im Herbst und im Winter verliert er nicht sein Laub. Die Säulen, Schwellen, Fenster und Geländer des Tempels sind alle aus Nagasholz. Es wachsen Bobäume dort, die Blätter haben wie die Kakipflaume. Weicht man diese Blätter in Wasser ein und entfernt ihre Haut, dann bleibt das Gewebe von Äderchen übrig, das so fein ist wie ›Zikadenflügelgaze‹. Man kann es zu kleinen Alben binden und Sutras darauf schreiben.

Auf dem Rückweg besuchten wir Xi'er auf ihrem ›Blumenboot‹. Sie wie auch Cuigu hatten gerade keinen Besucher bei sich, und als wir unseren Tee getrunken hatten und gehen wollten, baten sie uns immer wieder, doch zu bleiben. Mir stand der Sinn nach der Kammer über der Kajüte, aber dort saß Dagu, die Schwiegertochter von Witwe Shao, mit einem Besucher beim Wein.

»Wenn sie in unser Quartier mitgehen dürfen, können wir dort den Abend verbringen«, wandte ich mich an Witwe Shao. »Gut«, sagte sie.

Xiufeng ging vor, um den Bediensteten zu sagen, daß sie Wein und Speisen vorbereiteten, ich aber folgte mit Cuigu und Xi'er. Als wir dann plauderten und lachten, kam überraschend Wang Maolao aus der Präfekturverwaltung zu Besuch, und wir luden ihn zum Mittrinken ein. Aber kaum hatte der Wein die Lippen benetzt, da hörten wir plötzlich Stimmengewirr im Untergeschoß, und es schien so, als ob die Leute heraufkommen wollten. Wahrscheinlich hatte der schurkische Neffe des Hausbesitzers bemerkt, daß wir Freudenmädchen mitgebracht hatten, und sich daraufhin Helfer gesucht, um uns eins auszuwischen.

Vorwurfsvoll sagte Xiufeng: »An allem ist nur Sanbai mit seiner Begeisterung schuld, und ich mußte natürlich mitmachen!«

»Nachdem es einmal soweit gekommen ist, müssen wir schnell überlegen, wie wir uns aus der Affäre ziehen können«, erwiderte ich. »Jetzt ist nicht der rechte Augenblick, um zu streiten.«

»Ich gehe hinunter und rede mit ihnen«, sagte Maolao.

Rasch befahl ich den Dienern, so schnell wie möglich zwei Sänften zu besorgen. Wir wollten die Mädchen zuerst aus dem Haus bekommen und dann auf ein Mittel sinnen, wie wir sie aus der Stadt bringen könnten. Wir hörten, daß Maolao die Leute nicht zum Fortgehen überreden konnte, sie aber offenbar davon abgebracht hatte, heraufzukommen.

Als die beiden Sänften bereitstanden, befahl ich meinem Diener, der flink zur Hand und schnellen Fußes war, er solle vornweg gehen und uns einen Weg bahnen. Xiufeng folgte ihm mit Cuigu an der Hand, und ich machte mit Xi'er den Schluß. So stürzten wir ohne Vorankündigung die Treppe hinunter, und im Nu waren Xiufeng und Cuigu mit Hilfe des Dieners zur Tür hinaus. Xi'er aber kam nicht durch, weil eine Hand nach ihr griff. Rasch hob ich den Fuß und trat damit gegen den Arm, da ließ die Hand los, und Xi'er war draußen. Auch ich nutzte den Augenblick und kam ebenfalls hinaus. Vor der Tür hielt mein Diener Wache, damit niemand uns folgte.

»Weißt du, wo Xi'er ist?« fragte ich ihn.

»Cuigu sitzt in der Sänfte«, antwortete er. »Xi'er habe ich nur herauskommen, aber nicht in die Sänfte steigen sehen.«

Rasch zündete ich eine Fackel an und stellte zu meiner Verwunderung fest, daß die Sänfte noch leer am Straßenrand stand. Also eilte ich zum Stadttor Jinghaimen, wo ich Xiufeng erblickte, der neben Cuigus Sänfte stand. Als ich ihn fragte, antwortete er: »Vielleicht ist sie nach Westen gelaufen anstatt nach Osten, wie sie mußte.«

Sofort machte ich kehrt, und als ich zehn, zwölf Häuser hinter unserem Quartier war, hörte ich, wie mich jemand aus dem Dunkeln anrief. Ich leuchtete mit der Fackel, es war Xi'er. Ich brachte sie zur Sänfte, und als sie eben aufgehoben wurde, kam Xiufeng angelaufen, der mich wissen ließ: »Beim Stadttor Youlanmen ist ein Wasserabfluß in der

Mauer, den wir als Ausschlupf benutzen können. Ich habe schon jemand hingeschickt, um die Wächter zu bestechen, damit sie für uns aufschließen. Cuigu ist bereits dort, du mußt dich mit Xi'er beeilen.«

»Geh du zur Herberge und hole unsere Nachhut, ich aber kümmere mich um Cuigu und Xi'er«, schlug ich vor.

Als wir an den Wasserabfluß kamen, war dessen Verriegelung tatsächlich schon geöffnet, und Cuigu wartete auf uns. Also faßte ich mit dem linken Arm Xi'er unter und führte mit der Rechten Cuigu, dann bückten wir uns und stelzten unsicher durch die Wasserrinne. Da eben ein leichter Regen fiel, war der Boden glitschig wie Öl. Als wir bei Shamian ans Flußufer kamen, waren dort Musik und Gesang eben im besten Gange. Jemand in einem kleinen Boot, der mit Cuigu bekannt war, bot uns an, uns überzusetzen. Jetzt erst bemerkte ich, daß Xi'ers Frisur zerzaust war und daß ihre Haarpfeile und Ohrringe fehlten. »Hat man dich beraubt?« fragte ich.

»Nein«, antwortete sie. »Aber da das alles reiner Goldschmuck ist und der ›Mutter‹ gehört, habe ich ihn abgenommen, bevor wir hinuntergegangen sind, und in die Tasche gesteckt. Hättest du nicht dafür aufkommen müssen, wenn er mir weggekommen wäre?«

Ich empfand größte Dankbarkeit, als ich das hörte, und sagte ihr, sie solle den Schmuck wieder anlegen und der ›Mutter‹ nichts verraten, sondern vorgeben, wir kämen deshalb auf das Boot zurück, weil uns die gemischte Gesellschaft in unserem

Quartier nicht behagt habe. Genau so erzählte es Cuigu der ›Mutter‹ und fügte hinzu: »Gegessen und getrunken haben wir bereits, ein wenig nüchterne Reissuppe genügt uns.«

Der Gast, der in der Kammer über der Kajüte gewesen war, hatte sich inzwischen verabschiedet, und so konnte ›Mutter Shao‹ bestimmen, daß auch Cuigu mich dorthin begleitete. Wie ich bemerkte, waren die bestickten Schuhe der beiden vom Schlamm völlig durchnäßt. Zu dritt aßen wir die Reissuppe, um unseren Hunger notdürftig zu stillen, und anschließend hatten wir ein langes Gespräch bei Kerzenschein. Ich erfuhr, daß Cuigu aus Hunan stammte. Xi'er dagegen kam aus Henan, und ihr Familienname war Ouyang. Als ihr Vater gestorben war und ihre Mutter ein zweites Mal geheiratet hatte, war sie von einem bösartigen Onkel verkauft worden. Auch von den Unannehmlichkeiten des Lebens der Freudenmädchen erzählte Cuigu: wie sie lachen müssen, wenn sie nicht fröhlich sind, wie sie trinken müssen, obwohl sie den Wein nicht vertragen, wie sie Besucher empfangen müssen, obgleich sie sich nicht wohl fühlen, wie sie singen müssen, selbst wenn sie heiser sind. Dann gebe es streitsüchtige Gäste, die bei der kleinsten Unzufriedenheit das Weingeschirr auf die Erde schleudern, den Tisch umwerfen und dann noch aus vollem Halse schimpfen. Die ›Mutter‹ aber frage nicht, wie es zu solchem Unmut komme, und behaupte noch, daß das Mädchen den Gast nicht aufmerksam bedient habe. Außerdem gebe es grobe Gäste, von denen die Mädchen die ganze Nacht über gequält werden und deren Belästigungen unerträglich seien. Xi'er habe es noch gut, weil sie jung und erst seit kurzem dabeisei, weshalb die ›Mutter‹ Mitleid mit ihr habe.

Unwillkürlich begann Cuigu bei ihrer Erzählung zu weinen, und auch Xi'er weinte schweigend mit. Ich streckte die Hand nach Xi'er aus, zog sie an meine Brust und tröstete sie. Cuigu aber ließ ich auf dem Bett im Vorraum schlafen, weil sie ja schließlich mit Xiufeng befreundet war.

Seitdem schickte Xi'er alle fünf bis zehn Tage nach mir, manchmal kam sie auch selbst mit einem kleinen Boot, um mich vom Flußufer abzuholen. Ich aber nahm stets nur Xiufeng mit und keine weiteren Gäste und fuhr auch zu keinem anderen Boot. Das Vergnügen einer Nacht kostete uns nur vier Silbertaler. Xiufeng ging heute zu der einen und morgen zu einer anderen, was man im Volksmund ›die Krippe wechseln‹ nennt, ja manchmal nahm er sich sogar zwei Mädchen zugleich. Ich dagegen ging nur zu Xi'er. War ich mit ihr allein, dann tranken wir auf dem Kajütendach ein wenig Wein, oder wir führten in der Kammer ein unverfängliches Gespräch. Ich verlangte nicht, daß sie für mich sang, und zwang sie auch nicht zu trinken, vielmehr war ich in jeder Hinsicht rücksichtsvoll und besorgt um sie. Das gefiel auch allen anderen Mädchen auf den Booten, und sie waren sogar neidisch. Wenn sie frei waren und wußten, ich war in der Kammer, kamen sie uns besuchen. So wurde ich mit der ganzen Truppe bekannt, und jedesmal, wenn ich an Bord eintraf, rief mir jede ein Grußwort zu. Ich wandte mich dann nach allen Seiten und hatte vollauf zu tun, alle Grüße zu erwidern. Man kann noch so freigiebig sein, aber diese Zuneigung läßt sich für keine zehntausend *liang* Silber erkaufen.

In den vier Monaten, die ich dort verbrachte, habe ich insgesamt über einhundert *liang* ausgegeben. Daß ich frische Litchipflaumen zu essen bekam, war auch einer der Höhepunkte meines Lebens. Zum Schluß verlangte die Kuppelmutter fünfhundert *liang* Silber von mir und wollte mich zwingen, Xi'er zu meiner Nebenfrau zu machen. Ich litt so unter dieser Zudringlichkeit, daß ich mich für die Heimreise rüstete. Xiufeng aber war dermaßen in die hiesigen Freudenmädchen vernarrt, daß er sich auf meinen Rat hin eine als Nebenfrau kaufte. Dann kehrten wir auf demselben Weg nach Suzhou zurück.

Ein Jahr später fuhr Xiufeng wieder nach Guangzhou, aber mein Vater erlaubte nicht, daß ich ihn begleitete, und so nahm ich eine Einladung des Kreisvorstehers Yang nach Qingpu an. Als Xiufeng zurückkam, berichtete er mir, Xi'er habe beinahe Selbstmord begangen, weil ich ausgeblieben war. Ach, –

> Ein halbes Jahr bei der Yangzhou-Truppe
> verträumt,
> und dafür zum Lohn nun der Ruf, ich sei
> treulos.

Nachdem ich aus Guangdong zurückgekehrt war, blieb ich zwei Jahre lang in Qingpu, und während dieser Zeit habe ich keine vergnügten Reisen gemacht, von denen ich berichten könnte. Kurze Zeit später wurde Yun mit Hanyuan bekannt, und das trug uns Spott und Tadel ein. Yun wurde vor Ärger krank, und ich richtete gemeinsam mit Cheng Mo'an neben unserem Haus einen Laden für Bilder und Kalligraphien ein, um mit den Einnahmen notdürftig die Behandlungskosten zu bestreiten.

Zwei Tage nach dem Mittelherbstfest lud mich Wu Yunke mit Mao Yixiang und Wang Xinglan zusammen zu einem Ausflug zum ›Sauberen Kleinen Zimmer‹ an den Westbergen ein. Da ich noch zu tun hatte, sagte ich, sie sollte ohne mich vorgehen, und Wu erwiderte darauf: »Damit du uns einholen kannst, warten wir morgen mittag im ›Kloster, wo der Kranich kommt‹ an der Brücke Shuitaqiao vor den Bergen auf dich.«

Ich erklärte mich einverstanden. Am nächsten Tag übertrug ich Cheng die Aufsicht über den Laden und verließ die Stadt durch das Tor Changmen. Als ich vor die Berge kam und die Shuitaqiao-Brücke passiert hatte, ging ich über die Feldraine weiter nach Westen, bis ich ein kleines Kloster erblickte, dessen Tor auf der Südseite lag und vor dem ein klarer Bach vorbeifloß. Ich klopfte ans Tor und rief, bis jemand kam und fragte: »Was möchtet Ihr?«

Ich erklärte es, und lachend bekam ich gesagt: »Dies ist das ›Kloster, wo man die Wolken erreicht‹. Seht Ihr nicht die Namenstafel? Am ›Kloster, wo der Kranich kommt‹ seid Ihr schon vorüber.«

»Aber von der Brücke bis hierher habe ich kein anderes Kloster gesehen«, sagte ich.

Da drehte der Mönch sich um, wies mir die Richtung und sagte: »Seht Ihr dort die Lehmmauer, hinter der üppig Bambus wächst? Dort ist es.«

Ich ging also zurück, aber als ich an die Mauer kam, war die kleine Pforte fest verschlossen. Ich schaute durch einen Türritz und erblickte einen niedrigen Flechtzaun, einen gewundenen Pfad und prächtigen grünen Bambus. Doch es war keine menschliche Stimme zu hören, und als ich klopfte, antwortete niemand. Es kam jemand vorüber, der mir verriet: »Dort in der Mauernische liegt ein Stein. Damit müßt Ihr klopfen.« Probeweise klopfte ich ein paarmal, und tatsächlich meldete sich ein kleiner Novize.

Als ich auf dem Pfad hineingegangen war und eine kleine steinerne Brücke überschritten hatte, erblickte ich nach einer Wendung nach Westen endlich das eigentliche Klostertor, an dem eine schwarzlackierte Tafel mit der weißen Inschrift hing ›Es kommt ein Kranich‹. Daneben stand auch eine lange Erklärung, aber ich hatte nicht die Zeit, sie mir anzusehen. Als ich das Tor hinter mir gelassen hatte und durch die Skanda-Halle ging, sah ich, daß hier alles blitzsauber war, nicht das kleinste Stäubchen lag herum, und daran erkannte ich, daß ich im ›Sauberen Kleinen Zimmer‹ sein mußte. Plötzlich tauchte links im Wandelgang vor der nächsten Halle ein anderer Novize mit einer Kanne in der Hand auf, und ich rief ihn mit lauter Stimme an. Da hörte ich, wie drinnen Xinglan lachend sagte: »Na, was ist? Habe ich nicht gesagt, Sanbai wird sein Wort auf jeden Fall halten?!«

Dann kam Yunke heraus, um mich zu begrüßen, und sagte: »Wir hatten beim Frühstück auf dich gewartet. Warum kommst du so spät?«

Hinter ihm kam ein Mönch heraus, der eine tiefe Verbeugung vor mir machte. Auf meine Frage erfuhr ich, dies sei der Meister Zhuyi. Ich trat in seine Zelle, einen kleinen Raum von nur drei Säulenzwischenräumen Breite. Eine Inschriftentafel besagte, dies sei die ›Duftblütenklause‹, und im Hof standen zwei Duftblütensträucher in voller Blüte.

Xinglan und Yixiang erhoben sich geräuschvoll von ihren Plätzen und verkündeten: »Zuspätkommer müssen als Strafe drei Becher Wein trinken!« Auf dem Tisch standen Fleisch- und Gemüsegerichte, die sehr sauber angerichtet waren, und es gab sowohl hellen als auch dunklen Reiswein.

»An wieviel Orten seid ihr gewesen?« erkundigte ich mich.

»Als wir gestern ankamen, war es schon Abend, und heute morgen waren wir nur im ›Kloster, wo man die Wolken erreicht‹ und im ›Flußpavillon‹.«

Wir tranken dann fröhlich eine lange Zeit, und nachdem wir gegessen hatten, besuchten wir – vom ›Kloster, wo man die Wolken erreicht‹ und dem ›Flußpavillon‹ bis zum Berg Huashan – acht oder neun Orte, von denen jeder seine schönen Stellen hat, die man aber nicht alle aufzählen kann. Auf dem Huashan gibt es einen ›Lotosblütengipfel‹, den wir wegen des schon herankommenden Abends ein andermal aufzusuchen uns vornahmen. Hier am Huashan blühten die Duftblütensträucher am üppigsten. Wir tranken eine Schale klaren Tee unter

雨窗作画
寬齋
少泉昭基合作於北京

Ich aber malte Tag für Tag mit den Mönchen zusammen
und kümmerte mich um nichts. (Seite 136)

den Blüten, dann ließen wir uns in Bergsänften zum ›Kloster, wo der Kranich kommt‹ zurücktragen. Östlich von der ›Duftblütenklause‹ gab es noch einen kleinen Turm ›Blick auf das Reine‹, wo schon die Becher und Teller bereitstanden. Zhuyi saß schweigsam und unbeweglich dabei, aber er hatte gern Gäste und war ein guter Trinker. Zu Anfang ließen wir einen Duftblütenzweig reihum gehen, danach mußte jeder ein Trinkspiel vorschlagen. Erst in der zweiten Nachtwache machten wir damit Schluß.

»Heute ist so herrlicher Mondschein«, sagte ich. »Wenn wir uns, vom Wein berauscht, einfach schlafen legen, tun wir diesem klaren Glanz unrecht. Können wir nicht irgendwo hinaufsteigen, wo wir einen weiten Blick haben, damit wir diese schöne Nacht nicht ungenutzt verstreichen lassen?«

»Zum ›Pavillon, wo man den Kranich fliegen läßt‹ können wir hochsteigen«, gab Zhuyi Auskunft.

»Xinglan hat seine Zither mitgebracht, aber wir haben noch nichts von ihm gehört. Wie wäre es, wenn er uns dort etwas vorspielt?« schlug Yunke vor.

Wir gingen also alle gemeinsam zu dem Pavillon. In den Geruch der Duftblüten gehüllt, lag der Wald wie bereift im silbernen Mondlicht. Alle Geräusche waren verstummt. Xinglan spielte uns ›Drei Stücke über die Aprikosenblüten‹, die leicht und ätherisch klangen. Auch Yixiang kam dadurch in Stimmung, zog seine eiserne Querflöte aus dem Ärmel und spielte eine schluchzende Melodie.

»Wer von denen, die heute am Shihu den Mond bewundern, kann so fröhlich sein wie wir?« fragte Yunke.

Bei uns in Suzhou gibt es nämlich am 18. Tag des 8. Monats ein Fest, bei dem man sich von unterhalb der Brücke Xingchunqiao am See Shihu die ›Mondkette‹ ansieht. Dann liegt dort ein Vergnügungsboot am anderen, und die ganze Nacht hindurch ertönen Musik und Gesang. Aber wenn es auch angeblich darum geht, den Mond zu bewundern, will man sich in Wirklichkeit doch nur mit Freudenmädchen im Arm betrinken.

Wenig später ging der Mond unter, und es wurde auch frostig kalt. Uns verging die Stimmung, so kehrten wir zurück und legten uns schlafen.

Am nächsten Morgen sagte Yunke zu uns: »Hier in der Gegend gibt es ein Kloster ›Nichts Verborgenes‹, das sehr abgeschieden liegt. Ist jemand von euch schon einmal dort gewesen?«

Alle sagten wir, daß wir weder dort gewesen seien noch den Namen gehört hätten.

Zhuyi aber erklärte: »›Nichts Verborgenes‹ ist auf allen Seiten von Bergen umgeben, und die Gegend ist sehr abgelegen. Kein Mönch hält es dort lange aus. Als ich in früheren Jahren einmal da gewesen bin, lag das Kloster in Trümmern. Seitdem der Buddhaverehrer Peng Chimu es wiederaufgebaut hat, bin ich noch nicht wieder hingegangen. Aber den Weg kenne ich wohl noch. Wenn ihr hingehen möchtet, werde ich euch führen.«

»Sollen wir mit leerem Magen gehen?« fragte Yixiang.

»Nudeln ohne Fleisch sind schon fertig«, antwortete Zhuyi lächelnd. »Außerdem werde ich einem Mönch befehlen, uns mit einem Korbbehälter mit Wein zu folgen.«

Nachdem wir die Nudeln gegessen hatten, machten wir uns zu Fuß auf den Weg. Als wir am ›Garten der Hohen Rechtschaffenheit‹ waren, wollte Yunke ins ›Kloster der Weißen Wolken‹. Also traten wir ein und setzten uns. Ein Mönch kam gemächlichen Schrittes zu uns herein, legte vor Yunke die Hände zum Gruß zusammen und sagte: »Ihr habt uns zwei Monate lang nicht beehrt. Was gibt es Neues in der Stadt? Ist der Herr Gouverneur noch im Amt?«

Hier sprang Yixiang plötzlich auf, schimpfte mit einer ärgerlichen Handbewegung: »Glatzkopf!« und lief hinaus. Xinglan und ich unterdrückten das Lachen und folgten ihm. Yunke und Zhuyi erwiderten ein paar Sätze, dann verabschiedeten sie sich ebenfalls.

Der ›Garten der Hohen Rechtschaffenheit‹ ist die Grabstätte von Fan Zhong'an, das ›Kloster der Weißen Wolken‹ liegt nebenan. Eine Veranda blickt auf die Felswand, von der Glyzinen herabhängen. Unten ist ein Wasserbecken ausgehauen, das vielleicht ein *zhang* breit ist und mit klarem Wasser gefüllt, in dem Goldfische schwimmen. Es heißt der ›Almosenschalenquell‹. In der Veranda standen ein Bambusofen und ein Öfchen zum Teekochen. Es war hier sehr still, und hinter dem Gebäude überblickte man die ganze Anlage um Fan Zhong'ans Grab zwischen zahllosen grünen Sträuchern. Leider waren die Mönche zu vulgär, und so konnten wir es nicht ertragen, lange hier zu sitzen.

Dann kamen wir durch das Dorf Shangshacun und am ›Hühnerkorbberg‹ vorüber, wo ich seinerzeit mit Honggan in die Höhe gestiegen war. Die Landschaft war noch dieselbe, Honggan aber war schon tot, und der Gedanke daran bereitete mir unerträglichen Schmerz. Während ich schwermütig vor mich hin trauerte, versperrte uns plötzlich ein Wasserlauf den Weg, und wir konnten nicht weitergehen. Ein paar Dorfjungen, die im Gesträuch Pilze sammelten, steckten lachend die Köpfe hervor und wunderten sich offenbar darüber, daß so viele Fremde hier erschienen waren. Wir fragten sie nach dem Weg und bekamen zur Antwort: »Geradeaus kommen Sie wegen des Hochwassers nicht durch, aber wenn Sie ein paar Schritte zurückgehen, kommen Sie an einen Weg nach Süden, und auf ihm gelangen Sie über den Berg zum Kloster.«

Wir machten es, wie sie gesagt hatten, und als wir den Berg etwa ein *li* hinter uns gelassen hatten, kamen wir allmählich in ein Dickicht aus Bambus und Bäumen und in einen Kessel, der ringsum von Bergen umgeben war. Der Weg war grün überwuchert. Nirgends war eine menschliche Spur zu sehen. Zhuyi blickte sich unschlüssig nach allen Seiten um und sagte dann: »Es müßte hier irgendwo sein, aber der Weg ist nicht zu erkennen. Was wollen wir machen?«

Ich hockte mich nieder, um sorgfältig Ausschau zu halten. Undeutlich schimmerten Felsen, Mauern und Häuser zwischen dem Bambus hindurch. Suchend bahnten wir uns einen Weg durch das Gestrüpp und fanden schließlich ein Tor, über dem stand: ›Buddhakloster ‚Nichts Verborgenes‘, dann und dann erbaut von Peng, dem Alten Mann aus dem Südlichen Garten‹. Alle freuten sich und sagten: »Ohne dich wäre es uns gegangen wie mit der Quelle von Wuling!«

Das Klostertor war fest verschlossen, und auch als wir lange klopften, meldete sich niemand. Plötzlich aber ging knarrend eine Seitenpforte auf, und ein junger Mensch mit eingefallenen Wangen, in zerlumpten Kleidern und mit zerrissenen Schuhen an den Füßen trat heraus. »Was möchten Sie hier?« fragte er. Nach einer tiefen Verbeugung antwortete Zhuyi: »Uns gefallen die Stille und die Abgeschiedenheit hier, darum sind wir gekommen, um einen respektvollen Besuch zu machen.«

»Es ist so öde bei uns, daß alle Mönche davongelaufen sind, und es ist niemand da, der Sie empfangen könnte«, sagte er. »Suchen Sie sich doch bitte ein anderes Ausflugsziel.« Mit diesen Worten ging er wieder hinein und wollte die Pforte hinter sich schließen. Aber rasch hielt Yunke ihn auf und versprach ihm eine Belohnung, wenn er uns einlassen würde.

Lachend sagte der junge Mann: »Ich habe nicht einmal Teeblätter und wäre ein schlechter Gastgeber, wie sollte ich da noch auf eine Belohnung hoffen!«

Kaum war das Klostertor geöffnet, sahen wir auch schon den Bronzebuddha, in dessen goldleuchtendem Antlitz sich das Grün der Bäume widerspiegelte. Die Treppenstufen im Hof und die steinernen Säulenbasen waren mit Moos überzogen und sahen aus wie bestickt. Hinter der Halle führten die Stufen einer Terrasse in die Höhe, die von einer steinernen Balustrade eingefaßt war. Westlich davon lag ein großer Stein, der die Form eines Dampfbrötchens hatte und etwa zwei *zhang* hoch war. Ringsherum wuchs zarter Bambus. Ging man noch weiter nach Westen und bog dann nach Norden ab, konnte man durch einen schrägen Wandelgang bergan steigen. Dort lag ein Gästehaus von drei Säulenzwischenräumen Breite dicht vor einem großen Felsen. Unten war ein kleines kreisrundes Becken in den Felsen gehauen, das mit klarem Wasser gefüllt und von Seekannen und anderen Wasserpflanzen bewachsen war. Östlich des Gästehauses lag die Haupthalle und links von der Haupthalle, mit Blick nach Westen, die Mönchszellen und die Klosterküche. Hinter der Halle ragte eine steile Felswand auf, und die Bäume standen hier so dicht, daß man den Himmel nicht sah, wenn man nach oben blickte. Xinglan war müde und ging zu dem Wasserbecken, um sich auszuruhen, und ich schloß mich ihm an.

Eben wollten wir unseren Korbbehälter öffnen und etwas trinken, als durch die Baumwipfel Yixiangs Stimme ertönte. »Komm schnell her, Sanbai!« rief er. »Hier ist eine herrliche Aussicht.«

Als ich hinaufsah, konnte ich ihn nirgends entdecken, darum gingen Xinglan und ich dem Klang der Stimme nach. Am östlichen Anbau fanden wir eine kleine Pforte, hinter der ein paar Dutzend steinerne Stufen wie eine Leiter in die Höhe führten. Dort war in einem Bambusdickicht ein mehrstöckiges Gebäude zu erkennen. Noch einmal ging es eine Leiter hinauf, dann konnte man durch die acht Fensteröffnungen sehen. Eine Namenstafel besagte: ›Turm der Fliegenden Wolken‹. Der Ort war auf allen vier Seiten von Bergen wie mit einer Stadtmauer umgeben, nur im Südwesten klaffte eine Lücke, und dort sah man eine Wasserfläche, die in den Himmel überging, und auf dem Wasser waren verschwommen windgeschwellte Segel zu erkennen. Das war der See Taihu.

Auf das Fenster gestützt, blickte ich in die Tiefe, und dort ging der Wind durch die Bambuswipfel, was aussah wie ein wogendes Weizenfeld. »Wie gefällt es dir?« fragte Yixiang.

»Es ist wunderschön«, sagte ich, und plötzlich war links von uns Yunkes Stimme zu hören. »Komm schnell hierher, Yixiang!« rief er. »Hier ist es noch schöner.«

Also stiegen wir von dem Turm hinunter, wandten uns nach Westen, und nachdem wir noch einmal gut zehn Stufen nach oben gestiegen waren, standen wir plötzlich auf einem freien, völlig ebenen Plateau. Wahrscheinlich befanden wir uns oben auf der Felswand hinter der Haupthalle. Hier lagen noch Ziegelbrocken und geborstene Säulenbasen, vermutlich war es die Plattform einer früheren Tempelhalle. Ringsum lagen die Berge, und man hatte einen freieren Blick als von dem Turm. Yixiang stieß einen langen Schrei in Richtung des Taihu aus, und von allen Bergen antwortete das Echo.

Dann setzten wir uns auf die Erde und machten unseren Weinkorb auf, aber der hungrige Magen meldete sich. Der junge Mann hatte Reis rösten und aufbrühen wollen, um den Tee zu ersetzen, aber wir ließen ihn statt dessen Reissuppe kochen. Nachdem wir ihn aufgefordert hatten mitzuessen, fragten wir ihn, warum sich das Kloster in so einem trostlosen Zustand befand, und er berichtete: »Ringsum wohnt hier kein Mensch, und nachts kommen oft Räuber. Wenn man Lebensmittelvorräte anlegt, werden sie gestohlen, und selbst das Gemüse und das Obst, das hier gezogen wird, wird zur Hälfte von den Holzfällern weggenommen. Das Kloster ist eine Außenstelle des Klosters ›Chongningsi‹ und bekommt von dort monatlich nur ein *dan* getrockneten gekochten Reis und einen Steingutkübel Salzgemüse. Ich bin ein Verwandter von Herrn Peng und halte hier Wache, aber wenn ich über kurz oder lang nach Hause zurückkehre, wird hier bald nichts mehr zu finden sein, was an die Anwesenheit von Menschen erinnert.«

Yunke schenkte ihm zum Dank einen Silbertaler, dann kehrten wir zuerst zum ›Kloster, wo der Kranich kommt‹ zurück und mieteten dort ein Boot, das uns in die Stadt zurückbrachte. Ich malte dann ein Bild vom Kloster ›Nichts Verborgenes‹, das ich Zhuyi zur Erinnerung an diesen vergnügten Ausflug schenkte.

Im Winter desselben Jahres wurde ich belangt, weil ich für einen Freund als Bürge fungiert hatte, fiel bei meiner Familie in Ungnade und zog deshalb besuchsweise zu den Huas am Xishan-Berg. Im nächsten Frühjahr wollte ich nach Weiyang gehen, aber es fehlten mir die Mittel dazu. Ich hatte einen alten Freund namens Han Chunquan, der als Sekretär in der Kreisverwaltung von Shangyang arbeitete, und begab mich dorthin, um ihn zu besuchen. Meine Kleider waren zerrissen, meine Schuhe durchlöchert, darum konnte ich nicht in das Amtsgebäude gehen. So schickte ich meinem Freund einen Brief hinein und bat ihn, sich mit mir in dem Park am Stadtgott-Tempel zu treffen. Als er mich sah und bemerkte, in welch traurigem Zustand ich war, half er mir großzügig mit zehn *liang* Silber.

Der Park ist aus Spendenmitteln von Überseekaufleuten erbaut worden und ist äußerst weitläufig. Leider machen seine einzelnen Szenerien einen wirren und regellosen Eindruck, und auch die künstlich aufgetürmten Felsen zeigen in ihrem Auf und Ab keine wechselseitige Entsprechung.

Als ich zurückfuhr, fiel mir plötzlich die Pracht des Berges Yushan ein, und es gab eben ein Boot, auf dem ich mitfahren konnte. Es war der zweite Monat, und die Pfirsich- und Pflaumenbäume blühten um die Wette. Meine einzige Sorge in der Herberge und unterwegs war es, daß ich keinen Gefährten hatte. Aber dann steckte ich dreihundert Bronzemünzen zu mir und kam beim Umherschlendern zur Yushan-Akademie. Über die Mauer hinweg sah ich Bäume und Blüten — liebliches Rot und zartes Grün — und daneben Wasser und Berge. Alles atmete ruhige Abgeschiedenheit. Leider fand ich den Eingang nicht, um hineinzugehen.

Als ich mich danach erkundigen wollte, stieß ich auf einen Stand mit einem Dach aus Bambusgeflecht und ließ mir *biluochun* aufbrühen, der einen köstlichen Geschmack hatte. Ich fragte, welche Stellen des Yushan die schönsten seien, und bekam von einem Spaziergänger die Antwort: »Von hier aus durch den ›Westpaß‹ hinaus, befindet sich in der Nähe das ›Schwerttor‹, und das ist die herrlichste Stelle des Yushan. Wenn Ihr hingehen wollt, laßt mich Euch bitte führen!« Bereitwillig stimmte ich zu, wir verließen die Stadt durch das Westtor und gingen zunächst mehrere *li* am Fuße der Berge entlang auf einem Weg, der abwechselnd bergauf und dann wieder bergab führte. Allmählich kam dann der Gipfel in Sicht, hier war das Gestein mit Querstreifen gemustert. Als wir schließlich angelangt waren, zeigte es sich, daß der eine Berg in der Mitte gespalten war und die beiden zerklüfteten Felswände ein Mehrfaches von zehn *ren* in die Höhe ragten. Wenn man dicht davor hinaufschaute, schienen sie umstürzen zu wollen.

»Wie es heißt, gibt es dort oben eine Höhle mit vielen wunderbaren Ansichten, aber leider führt kein Weg hinauf«, sagte mein Führer.

Mein Interesse war geweckt, darum krempelte ich mir die Jackenärmel und die Hosenbeine hoch und kletterte wie ein Affe direkt bis zum Gipfel hinauf. Die angebliche Höhle war nicht tiefer als ein *zhang*, oben war durch eine Felsspalte das Tageslicht sichtbar. Als ich den Kopf senkte und hinunterschaute, wurden mir die Knie weich, und beinahe wäre ich gestürzt. Also preßte ich mich mit

海闊天空
歲在丁卯

Jeden Tag ist zweimal Flut,
die wie ein zehntausend *zhang* langer silberner Deich
über das Meer gezogen kommt. (Seite 163)

dem Bauch an die Felswand und hielt mich an Schlingpflanzen fest, als ich hinunterstieg.

»Seid Ihr aber tapfer!« sagte mein Führer. »Ich habe noch nie jemanden gesehen, der in seiner Wanderlust so heldenhaft gewesen wäre wie Ihr.«

Ich war durstig und wollte gern etwas trinken, darum lud ich den Mann ein und kaufte in einer Schenke im Freien ein paar Becher Wein. Als die Sonne untergehen wollte, hatte ich noch nicht alles gesehen. Ich las über zehn rote Steine auf, steckte sie ein und kehrte in die Herberge zurück, wo ich meinen Bücherkasten holte. Dann fuhr ich mit einem Nachtboot nach Suzhou und kehrte von dort aus zum Xishan zurück. Das war eine vergnügliche Reise in einer sorgenvollen Zeit.

Im Frühjahr des ersten Jahres des Sechzigerzyklus in der Ära Jiaqing starb mein Vater, und ich war drauf und dran, meine Familie zu verlassen und in der Ferne als Einsiedler zu leben. Aber mein Freund Xia Yishan ließ mich nicht fort und nahm mich bei sich auf. Im achten Monat lud er mich ein, ihn auf die Sandinsel Yongtaisha im Ostmeer zu begleiten, wo er seine Pächter kontrollieren und den Pachtzins einzutreiben hatte. Die Insel gehört zum Kreis Chongming. Wir kamen bei Liuhekou, der Mündung des Liu-Flusses, heraus und fuhren dann über hundert *li* auf dem Meer. Die Insel hat sich noch nicht lange gebildet und wird eben erst erschlossen, es gibt weder Straßen noch Märkte, nur weite Flächen Schilf und wenige menschliche Behausungen. Ein paar Dutzend Getreidespeicher, die Xias Kollegen Ding gehören, sind von allen Seiten mit einem Wassergraben umgeben, der von einem weidenbestandenen Deich eingefaßt ist. Ding heißt mit Beinamen Shichu und stammt aus Chongming. Er ist der Vorsteher hier auf der Insel. Sein Kassenwart heißt Wang. Beide sind sie großzügig und gastfreundlich und geben nichts auf gesellschaftliche Formen. Kaum daß wir uns kennengelernt hatten, behandelten sie mich schon wie einen alten Bekannten. Sie schlachteten ein Schwein zum Essen und tischten einen ganzen Kübel Reiswein auf. Unter den Trinkspielen entschieden wir uns für das Fingerknobeln, weil sie von Literatur nichts verstanden. Ihr Gesang war ein unmelodisches Grölen. Wenn sie angetrunken waren, ließen sie die Arbeiter holen und mit den Fäusten aufeinander losgehen. Das war ihr Vergnügen. Sie hielten mehr als hundert Ochsen, die nachts auf dem Deich unter freiem Himmel blieben. Außerdem hatten sie Gänse, deren Geschnatter sie vor Piraten warnen sollte. Bei Tage jagten sie mit Falken und Hunden im Schilf und auf den Sandbänken, wobei ihre Beute größtenteils in Federwild bestand. Auch ich begleitete sie bei diesen Streifzügen, und wenn ich müde war, legte ich mich schlafen.

Sie führten mich auch zu den Feldern, wo die Ernte schon reif war. Jedes der durchnumerierten Felder war von einem hohen Deich umgeben, um es vor der Flut zu schützen. Diese Deiche hatten Wasserdurchlässe, die mit Hilfe von Schiebern geöffnet und geschlossen werden konnten. Waren die Felder trocken, dann wurden die Schieber bei Flut geöffnet und die Felder bewässert. Waren sie aber zu naß, dann wurden die Schieber bei Ebbe geöffnet, so daß das Wasser abfloß. Die Behausungen der Pächter lagen wie Sterne verstreut, aber auf den ersten Ruf strömten sie alle zusammen. Ihren Grundeigentümer nannten sie ›Herr des Besitzes‹ und hörten respektvoll auf seine Befehle. Sie waren liebenswert in ihrer schlichten, ergebenen Art, aber wenn sie sich über eine Ungerechtigkeit empörten, konnten sie wilder als Tiger und Wölfe sein. Glücklicherweise waren sie ebensoschnell mit einem Wort zur Vernunft zu bringen und waren dann wieder ehrerbietig und gehorsam. Ihr Leben, in dem es nur Wind und Wetter und den Wechsel von Tag und Nacht gab, war ganz so wie in den ältesten Zeiten.

Wenn ich vom Bett aus nach draußen sah, fiel mein Blick auf die Wellen, und auf meinem Kopfkissen hörte sich das Rauschen der Flut wie Trommelklang an. Eines Nachts sah ich plötzlich ein paar Dutzend *li* entfernt eine rote Laterne auf dem Meer schwimmen, die so groß war wie ein Bambuskorb, und ein rotes Licht, das den Himmel erleuchtete wie Feuerschein. »Wenn hier die Geisterlaterne und das Geisterfeuer erscheinen, taucht bald wieder eine Sandinsel aus dem Wasser«, sagte mir Shichu.

Yishan war auch sonst stets in ausgelassener Stimmung, hier aber fühlte er sich völlig ungehemmt, und für mich gab es erst recht keine Bedenken. Auf einem Ochsen reitend, sang ich mit wilder Stimme Lieder, im Sand tanzte ich betrunkene Tänze, und auch sonst tat ich alles, was meine Laune mir eingab. Es war wirklich die ausgelassenste Reise meines Lebens. Erst im zehnten Monat waren Yishans Geschäfte erledigt, und wir fuhren wieder nach Hause.

Von den Sehenswürdigkeiten des ›Tigerhügels‹ bei uns in Suzhou akzeptiere ich nur die Stelle ›Tausend *qing* Wolken‹ an der Rückseite des Berges und als zweites den ›Schwerterteich‹. Alles übrige ist zu sehr Menschenwerk und überdies gewissermaßen so sehr mit Rouge und Puder beschmutzt, daß es das ursprüngliche Aussehen von Bergen und Wald verloren hat. Auch mit den Neubauten ›Gedächtnistempel des Herrn Bai‹ und ›Brücke im Pagodenschatten‹ wird nur der Glanz berühmter Namen festgehalten. Der ›Gießhausstrand‹ (Yěfāngbīn), den ich im Spaß in ›Strand der Wilden Düfte‹ (Yěfāngbīn) umbenannt habe, ist erst recht nur ein Platz, wo die Gepuderten und Geschminkten ihre verführerischen Reize zur Schau stellen. Die berühmteste Sehenswürdigkeit innerhalb der Stadt, der ›Löwenwald‹, soll zwar von Ni Zan eigenhändig entworfen sein, die Steine sind eigentlich schön geformt, und es gibt dort viele alte Bäume, aber wenn man die Anlage als Ganzes betrachtet, gleicht sie einem unordentlichen Haufen Kohlenschlacke, der mit Moos bedeckt und von Ameisenlöchern durchzogen ist, und vermittelt nicht im mindesten die Stimmung von Bergen und Wald. Soweit mein beschränkter Einblick reicht, kann ich nicht entdecken, worin seine Vorzüglichkeit bestehen soll.

Der Berg Lingyanshan ist die Stätte, wo einstmals der ›Palast zur Beherbergung der Schönen‹ des Königs von Wu gestanden hat. Auf dem Berg gibt es solche Sehenswürdigkeiten wie die Xishi-Höhle, den ›Wandelgang der Klingenden Holzschuhe‹ und den ›Pfad, wo man Duftkräuter pflückt‹, aber die Anlage ist zu weitläufig und unkonzentriert, an den stillen Reiz der Berge Tianpingshan und Zhixingshan reicht sie nicht heran.

Der Berg Dengweishan hat im Westen den Taihu-See im Rücken, im Osten liegt ihm der ›Brokatgipfel‹ gegenüber. Die zinnoberroten Klippen und die jadegrünen Gebäude sehen aus der Ferne wie ein Bild aus. Die hiesigen Einwohner leben von der Aprikosenzucht, und während der Baumblüte sieht es hier Dutzende *li* weit aus wie verschneit, darum heißt es auch ›Duftendes Schneemeer‹. Links von dem Berg stehen vier alte Lebensbäume. Sie heißen ›der aufrechte‹, ›der seltsame‹, ›der alte‹ und ›der groteske‹. ›Der aufrechte‹ hat einen geraden Stamm und eine üppige grüne Krone; ›der seltsame‹ liegt dreifach gewunden auf der Erde wie ein Z; ›der alte‹ ist kahlköpfig und gedrungen, halbverwittert sieht er aus wie eine Hand; ›der groteske‹ ist gewunden wie eine Schnecke, sowohl die Äste als auch der Stamm. Der Überlieferung nach sollen die Bäume aus der Zeit vor der Han-Dynastie stammen.

Im ersten Monat des zweiten Jahres des Sechzigerzyklus reiste Yishans Vater, Herr Xia Chunxiang, mit seinem jüngeren Bruder Xia Jieshi sowie mit ihren vier Söhnen zum Berg Pushan, um das Frühjahrsopfer zu bringen und die Ahnengräber instand zu setzen. Er lud mich ein, sie zu begleiten. Zuerst besuchten wir, weil es am Wege lag, den Berg Lingyanshan. An der ›Tigerbergbrücke‹ kamen wir wieder heraus, und auf dem Fluß Feijiahe gelangten wir ins ›Duftende Schneemeer‹, wo wir uns die Aprikosenblüten ansahen. Der Ahnentempel der Xias am Pushan liegt im ›Duftenden Schneemeer‹ verborgen, und da die Bäume eben in voller Blüte standen, duftete selbst unser Auswurf beim Husten. Für Herrn Xia Jieshi malte ich ein Album mit zwölf Bildern ›Die duftenden Bäume am Pushan‹.

Im neunten Monat desselben Jahres folgte ich dem *zhuangyuan* Shi Zhuotang an seinen Dienstort, die Präfekturstadt Chongqing in Sichuan. Wir fuhren den Changjiang stromauf und kamen nach Wancheng. Am Fuße der Wanshan-Berge liegt das Grab des Herrn Yu, eines treuen Beamten vom Ende der Yuan-Zeit. Neben dem Grab steht eine Halle von drei Säulenzwischenräumen Breite, die ›Pavillon des Großen Anblicks‹ heißt. Sie blickt auf den ›Südsee‹ und lehnt sich an den Qianshan-Berg. Da die Halle auf einem Bergrücken steht, hat man von dort einen ungehinderten Blick in die Ferne. Neben der Halle befindet sich ein tiefliegender Wandelgang, dessen Fensteröffnungen nach Norden gerichtet sind. Es war eben die Zeit, da die Blätter sich rot zu färben begannen, und sie loderten wie Pfirsich- und Pflaumenblüten. Zusammen mit mir waren Jiang Shoupeng und Cai Ziqin unterwegs.

Südlich der Stadt liegt auch der Garten der Familie Wang. Er ist lang in Ostwestrichtung, aber kurz in Nordsüdrichtung, der Grund dafür ist wahrscheinlich, daß er im Norden dicht an der Stadtmauer liegt und im Süden an den See stößt. Wegen des beengten Platzes war es schwierig, den Garten zu gestalten, und wenn man sich die Bauweise ansieht, entdeckt man, daß es ›geschichtete Terrassen‹ und ›aufgetürmte Häuser‹ sind. Für eine ›geschichtete Terrasse‹ wird über einem Gebäude eine Plattform als Hof angelegt, es werden Steine angehäuft und Blütengewächse gepflanzt, so daß der Spaziergänger nicht weiß, daß sich unter seinen Füßen ein Gebäude befindet. Dort, wo man Steine anhäuft, ist wohl massiver Untergrund, und dort, wo oben ein Hof liegt, ist es darunter hohl, so daß die Gewächse aus dem Boden Kraft schöpfen und wachsen können. Bei einem ›aufgetürmten Haus‹ wird oben auf einem zweistöckigen Gebäude eine Veranda angelegt und über dieser noch eine Plattform, so daß – gegeneinander versetzt und übereinandergetürmt – vier Etagen vorhanden sind. Man hat dort sogar kleine Wasserbecken, deren Wasser nicht versikkert, so daß man wirklich nicht weiß, wo es hohl und wo es massiv ist. Die Fundamente sind gänzlich aus Ziegeln und Steinen gefertigt, für die tragenden Säulen ist die europäische Machart nachgeahmt worden. Glücklicherweise blicken die Gebäude auf den ›Südsee‹, so daß einen nichts hindert, die freieste Aussicht zu genießen. Dadurch übertrifft diese Anlage jeden Garten in flachem Gelände, und sie ist wirklich das Vollkommenste, was menschliche Arbeit zu leisten vermag.

Der ›Turm des Gelben Kranichs‹ in Wuchang steht auf der ›Klippe des Gelben Schwans‹, die einen Ausläufer des ›Berges des Gelben Schwans‹ bildet, der im Volksmund ›Schlangenberg‹ heißt. Der Turm besteht aus drei Etagen, er hat bemaltes

Balkenwerk und hoch aufragende Dachvorsprünge. Er lehnt sich an die Stadtmauer an und erhebt sich steil in die Höhe, die Fassade ist dem Hanjiang-Fluß zugewandt, wo ihm die ›Halle des Klaren Stroms‹ in Hanyang gegenübersteht. Ich bestieg den Turm gemeinsam mit Zhuotang bei Schneegestöber. Wenn man zum Himmel hinaufblickte, sah man die Schneeflocken tanzen, in der Ferne standen silberne Berge und jadene Bäume, man kam sich vor wie auf den ›Jadeterrassen‹. Auf dem Fluß schwammen winzige Boote auf und ab, hin und her wie welkes Laub auf rollenden Wogen. Alle Gedanken an Ruhm und Reichtum mußten einem hier vergehen. An den Wänden standen zahlreiche Widmungsgedichte, die ich mir nicht alle merken konnte. Nur eine parallele Säuleninschrift habe ich behalten:

Wann wird wieder der gelbe Kranich
kommen?
Dann laß uns die goldenen Becher leeren
und die tausendjährigen Gräser gießen im
Ufersand.
Nur weiße Wolken sehe ich ziehen.
Wer wird die jadene Flöte blasen,
wenn im fünften Monat die Blüten fallen in
der Stadt am Strom?

Die ›Rote Wand‹ von Huangzhou liegt außerhalb des Stadttors Hanchuanmen der Präfekturstadt. Sie ragt am Flußufer jählings wie eine Wand auf, und die Felsen sind alle rot, daher der Name. Im *Buch der Gewässer* heißt sie ›Rotnasenberg‹. Als Su Dongpo hierher kam, schrieb er zwei Gedichte und bezeichnete die Stelle als den Ort der Schlacht zwischen Wu und Wei, aber das ist ein Fehler. Unterhalb der Wand hat sich bereits festes Land gebildet. Es gibt hier einen ›Pavillon der beiden Gedichte‹.

Im elften Monat des Jahres trafen wir in Jingzhou ein. Hier erhielt Zhuotang die Nachricht, er sei zum Bezirksamtmann in Tongguan befördert worden, und ließ mich in Jingzhou zurück. Ich war enttäuscht, weil ich auf diese Weise die Landschaft von Sichuan nicht zu sehen bekam. Zhuotang selbst fuhr nach Sichuan, sein Sohn Dunfu, seine Angehörigen sowie Cai Ziqin und Xi Zhitang aber blieben in Jingzhou. Wir wohnten in dem verwilderten Garten der Familie Liu. Ich erinnere mich, daß die Inschrift an einer Halle lautete ›Berghütte der lila Glyzinen und der roten Bäume‹. Der Unterbau der Halle wurde von einer steinernen Balustrade abgeschlossen, und es war ein viereckiger Teich mit einer Fläche von einem *mu* ausgehoben. In der Mitte des Teiches stand ein Pavillon, zu dem eine Steinbrücke führte. Hinter dem Pavillon war Erde aufgeschüttet und Felswerk angehäuft, alle möglichen Bäume wuchsen dort durcheinander. Der Rest bestand größtenteils aus freien Flächen, und alle Gebäude waren verfallen. Wir waren hier zu Gast, ohne etwas zu tun zu haben, darum sangen oder pfiffen wir, gingen spazieren oder versammelten uns zu Gesprächen. Am Ende des Jahres hatten wir zwar kein Geld mehr, aber zwischen hoch und niedrig herrschte so ein gutes Einvernehmen, daß wir Kleider versetzten, um Wein zu kaufen, und wir beschafften sogar Gong und Trommel, die wir schlugen. Jeden Abend tranken wir, und jedesmal veranstalteten wir Trinkspiele. In der schlimmsten Not reichten auch vier *liang* Branntwein noch für ein großartiges Trinkspiel.

Wir lernten einen Landsmann namens Cai kennen, und als Cai Ziqin ihm seinen Stammbaum erläuterte, stellte es sich heraus, daß jener ein weitläufiger Verwandter aus der Generation seines Vaters war. Wir baten ihn, uns die Sehenswürdigkeiten zu zeigen, und er führte uns zum ›Qujiang-Turm‹ vor der Präfekturschule. Als Zhang Jiuling hier Militärkommandant war, schrieb er auf dem Turm seine Gedichte. Auch bei Zhu Xi heißt es in einem Gedicht: ›Hast du Sehnsucht und möchtest heimwärts schauen, steig nur auf den Qujiang-Turm.‹ Auf der Stadtmauer gab es noch einen ›Xiongchu-Turm‹, den eine Familie Gao zur Zeit der Fünf Dynastien hat erbauen lassen und der einen imposanten Eindruck macht. Man kann von dort aus mehrere hundert *li* weit sehen. Rund um die Stadt sind am Wasser überall Trauerweiden gepflanzt, kleine Ruderboote fahren hin und her, der Anblick ist sehr malerisch. Der Sitz der Präfekturverwaltung von Jingzhou war der Stab von Guan Zhuangmou. Innerhalb des Zeremonialtors liegt ein zerbrochener Trog aus dunklem Stein. Der Überlieferung nach ist das die Futterkrippe des Pferdes ›Roter Hase‹. An dem kleinen See westlich der Stadt suchte ich nach dem Haus von Luo Han, fand es aber nicht. Außerdem suchte ich im Norden der Stadt nach dem ehemaligen Wohnsitz von Song Yu. Während der Unruhen des Hou Jing hatte Yu Xin in Jiangling

風壑雲泉
少泉昭臺合作於北京

Von den Sehenswürdigkeiten des ›Tigerhügels‹
bei uns in Suzhou akzeptiere ich
nur die Stelle ›Tausend *qing* Wolken‹ … (Seite 210)

Zuflucht gesucht und in dem Haus gewohnt, das früher einmal Song Yu gehört hatte. Später war eine Weinschenke daraus gemacht worden. Jetzt aber war nicht mehr feststellbar, wo das Haus gestanden hatte.

Am letzten Tag des alten Jahres war es nach einem Schneefall sehr kalt. Zu Neujahr hatten wir nicht die Sorge, Neujahrsbesuche machen zu müssen, und vergnügten uns nur, indem wir Feuerwerkskörper abbrannten, Drachen steigen ließen und Papierlaternen bastelten. Bald darauf brachte der Wind eine Ahnung von Blüten, und der Regen spülte den Frühlingsstaub fort. Zhuotangs Nebenfrauen kamen mit seinen minderjährigen Kindern den Strom herab, Dunfu ordnete das Reisegepäck, und dann brachen wir alle zusammen auf. In Fancheng gingen wir an Land und begaben uns geradenwegs nach Tongguan.

Im Kreis Wenxiang der Provinz Henan zogen wir in westlicher Richtung durch den Paß Hanguguan, wo die Inschrift steht: ›Purpurglanz kommt aus dem Osten‹. Es ist der Ort, durch den Laozi auf seinem schwarzen Rind kam. Der Weg liegt zwischen zwei Bergen eingezwängt und kann nur von zwei Pferden nebeneinander passiert werden.

Etwa zehn *li* weiter liegt der Paß Tongguan. Links lehnt er sich an eine Steilwand, rechts blickt er auf den Huanghe. Die Paßbefestigung ragt zwischen Bergen und Fluß an der alles beherrschenden Stelle auf. Die Türme und Mauern machen einen äußerst imposanten Eindruck, aber der Verkehr ist gering, und auch die Zahl der Einwohner ist spärlich. Hat Han Yu vielleicht auch die Verlassenheit des Ortes gemeint, als er schrieb: ›Tonggguan liegt im Sonnenschein, alle vier Torflügel stehen offen‹?

Der einzige Untergebene des Bezirksamtmanns war hier der Ortskommandant. Das Amtsgebäude lag dicht an der nördlichen Stadtmauer, an der Rückseite gab es einen Garten mit einer Fläche von etwa drei *mu*. An seiner Ostseite und seiner Westseite war je ein Teich ausgehoben. Das Wasser floß im Südwesten unter der Gartenmauer herein und von dort nach Osten zwischen die beiden Teiche, wo es sich in drei Arme teilte. Einer floß nach Süden zur Hauptküche und diente zur alltäglichen Wasserversorgung, einer floß nach Osten in den östlichen Teich und einer erst nach Norden und dann nach Westen, wo er sich durch das Maul eines steinernen Drachens in den westlichen Teich ergoß. Von dort aus wand sich ein Wasserlauf nach Nordwesten, wo ein Schieber angebracht war, um das Wasser ablassen zu können. Unterhalb der Stadtmauer floß das Wasser durch einen Abfluß nach Norden hindurch und dann in gerader Linie zum Huanghe. Weder Tag noch Nacht stand das Wasser still, und sein Rauschen klang sehr angenehm in den Ohren. Bambus und Bäume wuchsen so dicht, daß man nicht den Himmel sah, wenn man aufblickte.

Im westlichen Teich stand ein Pavillon, der von Lotosblumen umgeben war, im Ostteil des Gartens befand sich eine Bibliothek von drei Säulenzwischenräumen Breite mit einem Weinspalier im Hof, vor dem ein rechteckiger Stein lag. Dort konnte man Schach spielen oder Wein trinken. Der Rest war mit Chrysanthemenbeeten bedeckt. Im Westteil des Gartens stand ein Gartenhaus von drei Säulenzwischenräumen Breite, dessen Fassade nach Osten ging. Wenn man hier im Haus saß, hörte man das Rauschen des Wassers. Südlich des Gartenhauses führte eine kleine Tür zu den inneren Gemächern des Anwesens. Nördlich des Gartenhauses war vor den Fenstern ein weiterer kleiner Teich ausgehoben. An seinem Nordufer stand ein kleiner Tempel, wo der Blumengöttin Opfer gebracht wurden. Mitten im Garten stand ein dreistöckiger Turm, der genausohoch wie die Stadtmauer und nicht weit von ihr entfernt war. Wenn man von dort aus über die Stadtmauer schaute, blickte man auf den Huanghe. Nördlich des Flusses stehen Berge wie ein Setzschirm aufgereiht, die aber schon zu Shanxi gehören. Der Anblick war wirklich grandios und vielfältig. Ich wohnte im Südteil des Gartens, das Haus hatte die Form eines Bootes. Im Hof erhob sich ein Erdhügel mit einem kleinen Pavillon darauf. Wenn man dort hinaufstieg, konnte man den ganzen Garten überschauen. Von allen vier Seiten umgab einen grüner Schatten, und auch im Sommer spürte man keine Hitze. Zhuotang schrieb eine Namenstafel für meine Studierstube ›Das unvertäute Boot‹. Es war die beste Wohnung, die ich als Sekretär je hatte. Um den Erdhügel wuchsen mehrere Dutzend Chrysanthemensorten, doch leider wurde Zhuotang als Provinzrichter nach Shandong versetzt, noch ehe sie blühten.

Seine Angehörigen zogen einstweilen in die

Tongchuan-Akademie, und auch ich folgte ihnen dorthin. Nachdem Zhuotang abgereist war, hatte ich ebenso wie Ziqin und Zhitang nichts zu tun, und so machten wir Ausflüge. Einmal ritten wir zum Tempel Huayinmiao und kamen dabei durch das Dorf Huafengli, das ist der Ort, wo Yao dreifach beglückwünscht worden ist. In dem Tempel wachsen viele Schnur- und Lebensbäume aus der Qin- und der Han-Zeit. Sie sind alle so groß, daß man zu dritt oder zu viert sein muß, um sie umfassen zu können. Es sind Lebensbäume darunter, die von einem Schnurbaum umschlossen werden, und Schnurbäume, die von einem Lebensbaum umschlossen werden. Im Hof stehen zahlreiche alte Inschriftensteine, darunter einer mit dem Schriftzeichen *fu* (›Glück‹) und einer mit dem Schriftzeichen *shou* (›langes Leben‹), beide von der Hand Chen Tuans. Am Fuße des Berges Huashan liegt der ›Jadequellenhof‹, wo Herr Xiyi seine irdische Hülle abstreifte. Dort befindet sich eine Höhle von der Größe einer Kammer, in der seine Skulptur auf einem Bett aus Stein liegt. Hier ist das Wasser klar, und der Sand ist sauber, die meisten Gräser sind von roter Farbe. Die Quelle sprudelt sehr lebhaft, ringsherum ist sie von hohen Bambusstauden eingefaßt. Vor der Höhle steht ein quadratischer Pavillon mit der Inschrift ›Pavillon ‚Ohne Sorgen'‹. Neben dem Pavillon wachsen drei alte Bäume, deren Borke gemustert ist wie gesprungene Holzkohle. Die Blätter sehen wie Schnurbaumblätter aus, sind aber dunkler. Den Namen der Bäume kenne ich nicht, die Einheimischen nennen sie ›Ohnesorgebäume‹. Wie viele tausend *ren* der Berg Taihua hoch ist, weiß ich nicht. Leider hatte ich keinen Proviant einpacken können, um ihn zu besteigen.

Auf dem Rückweg sah ich wilde Kakipflaumen, die schon gelb waren, und pflückte im Reiten davon, um sie zu essen. Die Einheimischen riefen mir zu, ich solle das lassen, aber ich hörte nicht darauf. Als ich hineinbiß, waren sie so herb, daß ich sie sofort wieder ausspuckte und vom Pferd steigen mußte, um eine Quelle zu suchen und mir den Mund zu spülen. Dann erst konnte ich wieder sprechen. Diese Kakipflaumen muß man nämlich nach dem Abpflücken erst einmal aufkochen, um ihnen die Herbheit zu nehmen. Das hatte ich nicht gewußt.

Anfang des zehnten Monats schickte Zhuotang von Shandong aus einen Boten, um seine Angehörigen zu holen, und daraufhin verließen wir Tongguan. Über Henan begaben wir uns nach Shandong.

Im Westen innerhalb der Stadtmauer der Präfekturstadt Jinan in Shandong liegt der See Daminghu. Darin befinden sich solche Sehenswürdigkeiten wie der ›Lixia-Pavillon‹ und der ›Wasserduftpavillon‹. Hier duften in den Sommermonaten die Lotosblumen im dichten Schatten der Weiden, und es muß ein feinsinniges Vergnügen sein, wenn man dann mit einer Kanne Wein in ein Boot steigt. Ich aber ging im Winter hin, um mir die Gegend anzusehen, und fand nur kahle Weiden, kalten Rauch und eine weite Wasserfläche.

Die ›Springende Quelle‹ ist die Krone der zweiundsiebzig Quellen von Jinan. Sie unterteilt sich in drei Öffnungen, durch die das Wasser heftig wie im Zorn aus dem Innern der Erde sprudelt, so daß es aussieht, als ob es koche. Aus allen gewöhnlichen Quellen fließt das Wasser von oben nach unten, nur bei dieser fließt es von unten nach oben. Das ist auch eine Merkwürdigkeit. Über dem Wasserbekken erhebt sich ein mehrstöckiges Gebäude, in dem eine Statue des Patriarchen Lü steht. Die Spaziergänger probieren hier meist den Tee.

Im zweiten Monat des nächsten Jahres wurde ich Sekretär in Laiyang. Im Herbst des vierten Jahres des Sechzigerzyklus wurde Zhuotang zum Beamten der Kaiserlichen Akademie degradiert, und ich fuhr mit ihm in die Hauptstadt. Was man den ›Seemarkt von Dengzhou‹ nennt, habe ich so kein einziges Mal gesehen.

Anhang

Anmerkungen

7 *am 22. Tag des 11. Monats:* 26. Dezember 1763.
›Pavillon der Dunklen Wellen‹: im Original Canglangting; vgl. Alte chinesische Gartenkunst, Leipzig (1986), S. 118ff.: Pavillon ›Wassergrün‹.
..., daß es der Himmel außerordentlich gut mit mir meinte: Die Stadt Suzhou wurde nicht nur mit Hangzhou zusammen als ›Paradies auf Erden‹ gerühmt, es galt auch als sprichwörtliches Glück, in Suzhou geboren zu sein (in Hangzhou aufzuwachsen, in Guangzhou zu essen und in Liuzhou zu sterben).
Su Dongpo: Pseudonym des Dichters und Schriftstellers Su Shi (1036–1101).
Lied ›Guanju‹: Guanju ist der erste Text des klassischen *Buches der Lieder* (*Shijing*, auch *Die Dreihundert Gesänge* genannt); freie dt. Nachdichtung unter dem Titel *Preislied auf Tai-Sse, die Königsbraut* von Vincenz Hundhausen in: Chinesische Dichter des dritten bis elften Jahrhunderts, Eisenach (1926), S. 112.

8 *im Alter von acht Jahren:* Alle Altersangaben im Text entsprechen der altchinesischen Zählweise, das heißt, es werden nicht die Lebensjahre von Geburtstag zu Geburtstag gezählt, sondern alle Kalenderjahre addiert, in denen die Person gelebt hat. Dabei werden das Geburtsjahr und das laufende Jahr (bzw. das Todesjahr) voll mitgezählt.
Lied von der Laute: im Original *Pipa xing*; Gedicht von Bai Juyi (772–846); freie dt. Nachdichtung unter dem Titel *Die Lautenspielerin* von Vincenz Hundhausen in: Chinesische Dichter ..., S. 95ff.

9 *16. Tag des 7. Monats im zweiunddreißigsten Jahr:* 11. August 1775.

10 *Edle Verse aus dem Seidenbeutel:* Der Titel spielt auf den Dichter Li He an, von dem erzählt wird, er habe sich, wenn er ausritt, von einem Sklavenjungen begleiten

lassen, der einen Seidenbeutel auf dem Rücken trug, in den er Zettel mit Verszeilen steckte, die ihm unterwegs einfielen. Li He lebte nur 26 Jahre (790–816), darum glaubte Shen Fu offenbar, der Titel habe Chen Yun Unglück gebracht. (Ein Gedicht von Li He in dt. Nachdichtung von Ernst Schwarz in: Chrysanthemen im Spiegel, Berlin 1969, S. 275.)

10 *dritte Nachtwache:* 23–1 Uhr; im alten China wurde der Tag (die Dauer einer Erdumdrehung) in zwölf Doppelstunden unterteilt, die Zählung begann mit der Doppelstunde von 23 bis 1 Uhr. Die fünf Doppelstunden von 19 bis 5 Uhr wurden als die fünf Nachtwachen bezeichnet.
Jujuben: Früchte von Ziziphus jujuba, auch ›Chinesische Datteln‹ genannt.

11 *22. Tag des 1. Monats des siebenunddreißigsten Jahres:* 26. Februar 1780.
Tuch vom Kopf genommen: Nach altchinesischem Brauch wurde der Kopf der Braut, wenn sie zur Hochzeit ins Haus des Bräutigams gebracht wurde, mit einem roten Tuch bedeckt. Erst nachdem Bräutigam und Braut gemeinsam ihren Kniefall ›vor Himmel und Erde‹ gemacht hatten und die Braut auf dem Brautbett Platz genommen hatte, durfte der Bräutigam das Tuch entfernen. Anschließend tranken sie Wein aus den Hochzeitsbechern, zwei mit einer roten Schnur verbundenen Trinkgefäßen. Zuerst leerte jeder seinen Becher zur Hälfte, dann gab er ihn dem Partner, der ihn ganz austrank.

12 *Staatstrauer:* Der 23. Tag des 1. Monats war der Todestag der Kaiserinwitwe Xiaosheng, der Mutter des regierenden Kaisers.
vierte Nachtwache: 1–3 Uhr; vgl. oben, Anm. zu S. 10.

15 *Westzimmer:* Liebesdrama von Wang Shifu; dt. Nachdichtung von Vincenz Hundhausen, zuletzt Leipzig 1978.

16 *Huiji:* heute Shaoxing.
Zhao Shengzhai: siehe auch unten, Aufzeichnung IV.
Wulin: anderer Name für die Stadt Hangzhou.

18 *sechste Monat:* Juli 1780.

Vom klaren Wasser ... Mützenbänder, vom trüben Wasser ... Füße: Bei Mengzi heißt es: ›Es sangen einmal ein paar Knaben: ‚Ist des Flusses Wasser klar,/ Wasch' ich meiner Mütze Bänder./ Ist des Flusses Wasser trüb',/ Wasch ich meiner Füße Sohlen.'‹ (Siehe Mong Dsi, dt. von Richard Wilhelm, Jena 1916, S. 78.)

19 *Strategeme der Kämpfenden Staaten:* im Original *Zhanguoce*, von Liu Xiang (etwa 77–6 v. u. Z.) kompiliertes Werk; Auszüge in dt. Übersetzung von Ernst Schwarz in: Der Ruf der Phönixflöte, Berlin 1976, Bd. I, S. 150 ff.

Buch Zhuangzi: Werk des Philosophen Zhuangzi (Zhuang Zhou, 369–286 v. u. Z.) und seiner Schüler; dt. Übersetzung von Richard Wilhelm unter dem Titel: Dschuang Dsi, das wahre Buch vom südlichen Blütenland, Jena 1923.

Kuang Heng: lebte im 1. Jahrhundert v. u. Z., bekannt für seine Auslegung des Buches der Lieder.

Liu Xiang: Außer den von ihm kompilierten *Strategemen ...* (vgl. oben) sind von ihm zwei Bände historischer Anekdoten und ein Band Biographien verdienstvoller Frauen erhalten.

Sima Qian: 145–86 v. u. Z., Verfasser der *Historischen Aufzeichnungen (Shiji)*, der ersten systematischen Darstellung der chinesischen Geschichte; Auszüge in dt. Übersetzung von Ernst Schwarz in: Der Ruf der Phönixflöte, Bd. I, S. 191 ff.

Ban Gu: 32–92, Verfasser der Geschichte der Han-Dynastie *(Hanshu)*; Auszüge in dt. Übersetzung von Ernst Schwarz in: So sprach der Weise, Berlin (1981), S. 347 ff.

Han Yu: 768–824, Prosaschriftsteller und Dichter; Auszüge aus seinem Werk in dt. Übersetzung von Ernst Schwarz in: Der Ruf der Phönixflöte, Bd. I, S. 278 ff., und in: So sprach der Weise, S. 417 ff.

Liu Zongyuan: 773–819, Prosaschriftsteller und Dichter; Auszüge aus seinem Werk in dt. Übersetzung von

Ernst Schwarz in: Der Ruf der Phönixflöte, Bd. I, S. 288 ff., und in: So sprach der Weise, S. 425 ff.

19 *Ouyang Xiu:* 1007–1072, Prosaschriftsteller und Dichter; Auszüge aus seinem Werk in dt. Übersetzung von Ernst Schwarz in: Der Ruf der Phönixflöte, Bd. I, S. 341 ff.

drei Su: Su Xun (1009–1066) und seine beiden Söhne Su Shi (Su Dongpo, vgl. oben, Anm. zu S. 7) und Su Che (1039–1112); Auszüge aus dem Prosawerk Su Shis in dt. Übersetzung von Ernst Schwarz in: Der Ruf der Phönixflöte, Bd. I, S. 362 ff.

Jia Yi: 201–169 v. u. Z., Prosaschriftsteller und Dichter; Auszüge aus seinem Prosawerk in dt. Übersetzung von Ernst Schwarz in: So sprach der Weise, S. 300 f.

Dong Zhongshu: 179–104 v. u. Z., Prosaschriftsteller; Auszüge aus seinem Werk in dt. Übersetzung von Ernst Schwarz in: So sprach der Weise, S. 306 ff.

Yu Xin: 513–581, Dichter und Prosaschriftsteller; zwei seiner Gedichte in dt. Nachdichtung von Ernst Schwarz in: Chrysanthemen im Spiegel, S. 187 f.

Xu Ling: 507–583, Prosaschriftsteller.

Lu Zhi: 754–805, Beamter unter dem Tang-Kaiser Dezong. Seine Throneingaben galten später als mustergültig für ihre Offenheit und Klarheit.

Li Taibai (701–762) *und Du Fu* (712–770): die bekannten beiden größten Dichter der Tang-Zeit.

20 *Guye-Berg:* mythische Landschaft. Von den dort lebenden Geistern heißt es im Buch *Zhuangzi*, es werde gesagt, ›Ihr Leib sei kühl wie Eis und Schnee; sie seien zart wie Jungfrauen; sie lebten nicht von Brot und Korn, sondern schlürften den Wind und tränken den Tau; sie führen auf Wind und Wolken und ritten auf fliegenden Drachen weit hinaus jenseits der Welt‹. (Siehe Dschuang Dsi, dt. von Richard Wilhelm, S. 5.)

Bai Juyi: 772–846, produktivster Dichter der Tang-Zeit.

21 *fu-Stil:* ›Ein Mittelding zwischen deskriptiver Lyrik und dichterischem Essay.‹ (Ernst Schwarz)

21 *Elegien von Chu:* im Original *Chuci*, von Liu Xiang (vgl. oben, Anm. zu S. 19) besorgte Sammlung früher Dichtungen im *fu*-Stil.

Sima Xiangru: 179–118 v. u. Z., bekanntester Dichter im *fu*-Stil der Han-Zeit.

Zhuo Wenjun: junge Witwe, die im Hause ihres reichen Vaters lebte. Als Sima Xiangru dort eingeladen war und auf der Zither spielte, lief sie noch in derselben Nacht mit ihm davon.

22 *Liang Hong und Meng Guang*: Ehepaar aus der Östlichen Han-Zeit, das als Muster ehelicher Eintracht galt.

23 *7. Tag des 7. Monats:* An diesem Tag trifft sich nach der chinesischen Volksmythologie die Himmlische Weberin, eine Enkelin des Himmelskaisers (verkörpert durch den Stern Wega), an der Milchstraße mit ihrem Mann, einem irdischen Rinderhirten (verkörpert durch den Stern Atair).

27 *Buddhahand-Zitronen:* eine Varietät der Zitronatzitrone (Citrus medica var. sarcodactylis) mit bizarren, handähnlichen Früchten, die als Ziergegenstand dienen.

28 *Mittelherbstfest:* wird zum Vollmond am 15. Tag des 8. Monats nach dem altchinesischen Kalender gefeiert.

31 *den Schmerzlichen Abschied … Liang wird erstochen … Die spätere Suche:* Opernszenen im *kunqu*-Stil. Mit *Schmerzlicher Abschied (Canbie)* ist vielleicht die Szene *Abschied im Gefängnis (Yubie)* aus dem Stück *Die Geschichte von der Fischmenschenseide* (*Jiaoxiaoji*) gemeint. Alle drei Szenen finden sich in der bekannten Auswahl *Der weiße Flickenpelz* (*Zhuibaiqiu*).

32 *Xuanzhou:* heute Xuancheng.

34 *Wuyan:* die Frau des Königs Xuanwang des Reiches Qi in der Zeit der Kämpfenden Staaten, bekannt für ihre Häßlichkeit.

35 *yin … yang:* in der altchinesischen Philosophie und Naturwissenschaft die beiden gegensätzlichen und einander bedingenden Prinzipien der Natur mit *yin* als weiblichem und negativem Element und *yang* als männlichem und

positivem Element. Perlen galten als ›die *yin*-Essenz in den Muscheln‹.

39 *Fünf Heilige Berge:* Seit dem Altertum galten Songshan (Prov. Henan), Taishan (Prov. Shandong), Huashan (Prov. Shaanxi), Hengshan (Prov. Hunan) und Hengshan (Prov. Shanxi) als die Heiligen Berge des Zentrums, des Ostens, des Westens, des Südens bzw. des Nordens. Bis zum Ende der Kaiserzeit genossen sie kultische Verehrung.

Pingshan: vereinfachende Bezeichnung für die ›Halle, die auf gleicher Höhe mit den Bergen ist‹ (Pingshantang) bei Yangzhou; vgl. unten, Anm. zu S. 155ff.

›der alte Mann unterm Mond‹: im Original Yuexia laoren; Gott der Eheverbindungen in der chinesischen Volksmythologie. Er bindet den Paaren, die füreinander bestimmt sind, mit einer roten Schnur die Füße zusammen.

40 *vom Tiaoxi-Bach:* das heißt aus der Stadt Wuxing.

Shi Zhuotang: spielt unten (in den Aufzeichnungen III und IV) noch eine wichtige Rolle. Seine Inschrift für das Bild ist als *Lob des alten Mannes unterm Mond (Yuexia laoren zan)* in Bd. I seiner gesammelten literarischen Werke erhalten (Duxuelu chugao, 1795, Wen 3, S. 22 b/23 a).

Noch eh' man das Orakel ...: eine Zeile aus dem *Gedicht über Mawei* des Li Shangyin (813–858).

Yun: Der Name bezeichnet die Pflanze Ruta graveolens (Weinraute), die, wie auch die lateinische Artbezeichnung besagt, stark duftet.

41 *Zhang Shicheng:* 1321–1367, Führer eines Aufstands gegen Ende der Mongolenherrschaft, der sich zum König erklärte und eine eigene Dynastie zu gründen versuchte.

45 *Palast des Drachenkönigs:* Der Drachenkönig ist eine Gestalt aus Mythe und Märchen, die in einem prachtvollen Unterwasserpalast angesiedelt ist. Als Herrscher des Dongting-Sees (Dongtingjun) galt der Gelehrte Liu Yi aus

der Geschichte *Die Tochter des Drachenkönigs* von Li Zhaowei, dt. Übersetzung in: Das Singmädchen Li, Geschichten aus der Tangzeit, Leipzig o. J., S. 26 ff.

47 *18. Tag des 6. Monats:* 25. Juli 1793.

54 *siebenter Monat des einundfünfzigsten Jahres:* Juli/August 1794.

55 *5. Tag des 8. Monats des zweiundfünfzigsten Jahres:* 17. September 1795.

56 *›Tausend qing Wolken‹:* im Original Qianqingyun; Name eines Gebäudes, das auf der Rückseite (Nordseite) des ›Tigerhügels‹ (Huqiu) stand.

57 *18. Tag des 8. Monats:* 30. September 1795.

59 *Li Yus Liebe zur duftigen Gefährtin:* In dem Theaterstück *Die Liebe zur duftigen Gefährtin (Lian xiangban)* des Li Yu (1611–1679) wird erzählt, wie eine junge Frau und ein junges Mädchen bei einem Klosterbesuch miteinander bekannt werden und so viel Gefallen aneinander finden, daß sie sich erst verschwistern und den Schwur leisten, im nächsten Leben Mann und Frau werden zu wollen, dann aber beschließen, das Mädchen solle denselben Mann heiraten, dessen Gattin schon die junge Frau ist. Nach einigen Verwicklungen gelingt der Plan.

61 *Ei:* ›Ei‹ (*lø*, hochchinesisch *luan*) werden im Wu-Dialekt die männlichen Geschlechtsteile, insbesondere der Penis genannt. Entenspeichel als Heilmittel gegen das geschilderte Leiden wird auch in dem bekannten Arzneibuch *Bencao gangmu* des Li Shizhen (1518–1593) empfohlen.

62 *lan-Orchidee:* Cymbidium.

69 *vom Yushan:* das heißt aus der Stadt Changshu.

70 *Steine aus Lingbi:* sonst als Klangsteine und als Material für künstliche Felsen berühmt.

75 *Steine aus Xuanzhou:* Schon oben (S. 32) sind weiße Steine aus Xuanzhou als Material für Topflandschaften erwähnt.

Yixing-Keramik: ein vorwiegend rotbraunes Steinzeug

aus dem Ort Yixing in der Provinz Jiangsu, unweit des Taihu-Sees.

75 *Ni Zan:* 1301–1374, Landschaftsmaler.

76 *Penglai:* in der chinesischen Mythologie eine von Unsterblichen bewohnte Meeresinsel.

78 *am Xishan:* das heißt in der Stadt Wuxi.

82 *ein kleines Bild von mir und Yun:* Zu diesem Bild schrieb Shen Fus Freund Shi Yunyu (Shi Zhuotang) später, als Chen Yun bereits tot war, ein *ci*-Gedicht, das im 2. Band seiner literarischen Werke enthalten ist (Duxuelu ergao, 1805, Weiboci, S. 5 a/b).

91 *der älteste Sohn ... der Drittgeborene:* Der älteste Sohn war Shen Fu in der Kleinfamilie, der Drittälteste seiner Generation wohl im Rahmen der Großfamilie, das heißt unter Einschluß seiner Vettern.

dritte gnädige Frau: Die Bezeichnung ›gnädige Frau‹ im Unterschied zu ›junge Frau‹ wurde für die Herrin eines selbständigen Haushalts gebraucht, die Anrede nimmt demnach die Trennung der Familie vorweg.

zweiundvierzigstes Jahr des Sechzigerzyklus in der Ära Qianlong: 1785.

92 *siebenundvierzigstes Jahr des Sechzigerzyklus:* 1790.

Hanjiang: hier als Name für Yangzhou gebraucht.

93 *neunundvierzigstes Jahr des Sechzigerzyklus:* 1792.

Zhenzhou: alter Name für das heutige Yizheng.

95 *Schadschari:* Shazhali; im Original fälschlich Shachili. Schadschari war ein ›Barbaren‹general, der zur Zeit des Tang-Kaisers Suzong (regierte von 756 bis 762) dem Dichter Han Hong eine bildschöne Nebenfrau raubte.

99 *Herz-Sutra:* Gedrängte Zusammenfassung des Lehrinhalts der Sutras vom ›Hinübergelangen zur vollkommenen Erkenntnis‹, *prajnâ-pâramitâ.* (Siehe Bi-yän-lu, Meister Yüan-wu's Niederschrift von der Smaragdenen Felswand, dt. von Wilhelm Gundert, Leipzig und Weimar 1980, Bd. II, S. 200.)

100 *Westen:* Als ›Westmenschen‹ *(xiren)* wurden Leute aus den Provinzen Shanxi und Shaanxi bezeichnet.

103 *25. Tag des 12. Monats des siebenundfünfzigsten Jahres:* 8. Februar 1801.

in der fünften Nachtwache: 3–5 Uhr; vgl. oben, Anm. zu S. 10.

106 *um die Wende der Doppelstunden wu und wei:* gegen 13 Uhr.

Pfirsichblütenquell: Anspielung auf *Die wundersame Geschichte vom Pfirsichblütenquell* des Tao Yuanming (365–427); dt. Übersetzung von Ernst Schwarz in: Tao Yüan-ming, Pfirsichblütenquell, Leipzig 1967, S. 69ff.

Jahreswende: Das neue Jahr nach dem altchinesischen Kalender begann am 13. Februar 1801.

Laternenfest: wird am 15. Tag des 1. Monats zum ersten Vollmond des neuen Jahres gefeiert.

107 *Salzinspektor:* Der Handel mit Salz war im alten China das Monopol staatlich zugelassener Salzhändler, die der Kontrolle durch die Provinzverwaltung unterstanden.

16. Tag des 1. Monats des achtundfünfzigsten Jahres: 28. Februar 1801.

am 19.: 3. März 1801.

112 *Silbertaler:* Ausländische Silbertaler waren Anfang des 19. Jahrhunderts in China, wo ursprünglich nur ungemünztes Silber in Form von Barren und Bruchsilber Verwendung fand, bereits ein verbreitetes Zahlungsmittel.

113 *am 25.* (Tag des 1. Monats): 9. März 1801.

Anfang des zweiten Monats: Mitte März 1801.

114 *achter Monat ... des neunundfünfzigsten Jahres:* August/September 1802.

zweiter Monat des sechzigsten Jahres: Februar/März 1803.

117 *Doppelstunde shen:* 15–17 Uhr.

123 *›Dem, der das weite Meer befuhr, ...‹:* Das Zitat entstammt einem von fünf Vierzeilern unter dem gemeinsamen Titel *Abschiedsgedanken (Lisi)* des Dichters Yuan Zhen (779–831). Der Dichter Song Yu (3. Jh. v. u. Z.) berichtet von einer Göttin des Berges Wushan, die sich dem Chu-König Huaiwang hingab und zu ihm sagte: ›In

der Frühe bin ich die Morgenwolke, am Abend gehe ich als Regen nieder.‹ Daher rührt die verhüllende Bezeichnung ›Wolke und Regen‹ für den Geschlechtsakt.

124 *30. Tag des 3. Monats des sechzigsten Jahres:* 20. Mai 1803.

127 *Lin Bu:* 967–1028, Dichter, der als Einsiedler auf der Insel Gushan im Westsee bei Hangzhou lebte, wo er auch begraben ist. Eines seiner Gedichte in dt. Nachdichtung von Ernst Schwarz in: Chrysanthemen im Spiegel, S. 291 (hier Lin Fu genannt). Der allgemeinen Darstellung nach soll Lin Bu nie geheiratet haben, Feng Menglong aber führt in seiner *Chronik der Gefühle* (*Qingshi*, Buch 15) einen Autor namens Lin Hong an, der Lin Bu als seinen verstorbenen Vater bezeichnete, und schlußfolgert daraus, dieser habe sich wohl nur als Witwer nicht wiederverheiratet.

Jinguishan: im Original fälschlich ›Goldkassiaberg‹ geschrieben, richtig ›Goldtruhenberg‹. Galt allgemein als günstiger Begräbnisplatz, wo die Toten lagen ›wie Gold in der Truhe‹.

128 *Feiertag des 9. 9.:* Der 9. Tag des 9. Monats fiel in diesem Jahr auf den 24. Oktober 1803.

129 *Jiangdu:* ehemaliger Kreis mit Verwaltungssitz in Yangzhou.

Jahreswende: Das neue Jahr nach dem altchinesischen Kalender begann am 11. Februar 1804.

dritter Monat des ersten Jahres des Sechzigerzyklus: April/Mai 1804.

130 *siebenmal sieben Tage:* die erste Zeit zwischen Tod und Beerdigung, während derer in regelmäßigen Abständen Opfer gebracht und von buddhistischen Mönchen heilige Texte rezitiert wurden.

131 *Chisongzi:* in der chinesischen Mythologie ein Unsterblicher des Altertums. Er wolle Chisongzi folgen, sagte schon Zhang Liang, ein hoher Beamter zu Anfang der Han-Zeit (gest. 189 v. u. Z.), als er sich aus dem politischen Leben zurückzog.

132 *zhuangyuan:* Bester in der Palastprüfung, der höchsten Stufe der Staatsprüfungen, die man bestehen mußte, um ein Anrecht auf einen Beamtenposten zu erwerben.

135 *Guandi-Statue:* Guandi ist der zum Kriegsgott erhobene Feldherr Guan Yu aus der Zeit der Drei Reiche. Er genoß allgemeine Verehrung und galt u. a. auch als Beschützer des Buddhismus. In verschiedenen buddhistischen Klöstern gab es einen Guandi-Tempel.

Ginkgobaum: Ginkgo ist die von Engelbert Kaempfer, dem europäischen Entdecker des Baumes, zugleich mit der ersten Erwähnung eingeführte (siehe Engelbert Kaempfer: Amoenitatum exoticarum ... fasciculi quinque, Lemgo 1712, Teil 5, S.811) falsche Schreibung der japanischen Lesung *(gin-kyō)* des chinesischen Namens des Baumes (*yinxing* = ›Silberaprikose‹). Nach fast 280jähriger Benutzung des falschen Namens, der obendrein durch Carl von Linné gleichsam geheiligt ist, läßt sich die richtigere Schreibung Ginkyo heute praktisch nicht durchsetzen.

136 *Anfang des siebenten Monats:* Anfang August 1804.

Ende des neunten Monats: Ende Oktober 1804.

Jahreswende: Das neue Jahr nach dem altchinesischen Kalender begann am 31. Januar 1805.

siebenter Monat des zweiten Jahres des Sechzigerzyklus: August/September 1805.

137 *siebenundvierzigstes Jahr des Sechzigerzyklus in der Ära Qianlong:* 1790.

Weiße-Lotos-Sekte: im Original Bailianjiao; religiöse Geheimgesellschaft, unter deren Führung es zu verschiedenen Zeiten zu bewaffneten Aufständen kam, so auch von 1795 bis 1803.

9. 9.: 30. Oktober 1805.

juren: Titel nach erfolgreich bestandener Staatsprüfung auf Provinzebene.

138 *Bezirk Huai-Yang:* aus den Präfekturen Huai'an und Yangzhou bestehende Verwaltungseinheit, deren Zentrum die Stadt Yangzhou war.

138 *Jahreswende:* Das neue Jahr nach dem altchinesischen Kalender begann am 18. Februar 1806.
zweiter Monat des dritten Jahres: März/April 1806.
Fancheng: heute Bestandteil der Doppelstadt Xiangfan.
dritter Monat: April/Mai 1806.
Ende des zehnten Monats: Anfang Dezember 1806.

139 *vierter Monat* (des dritten Jahres): Mai/Juni 1806.

141 *fünfzehn Jahre alt:* im Jahre 1777.
Shanyin: ehemaliger Kreis mit Verwaltungssitz in Shaoxing.

142 *›Orchideenpavillon‹:* im Original Lanting; Heiligtum der chinesischen Kalligraphie. Hier schrieb im Jahre 353 der berühmte Kalligraph Wang Xizhi (303–361) sein *Vorwort zur Sammlung vom Orchideenpavillon (Lantingji xu).* Eine Nachbildung des Pavillons, die ein Qing-Kaiser im alten Sommerpalast bei Peking errichten ließ, steht heute im Pekinger Sun-Yatsen-Park (Zhongshan gongyuan).
Grab des Kaisers Yu: Yu ist ein mythischer Kaiser aus Chinas Vorzeit, der der Überlieferung nach die Sintflut besiegte.

143 *Grab von Su der Kleinen:* Das Grab ist nach der ›Kulturrevolution‹ nicht mehr vorhanden.
Inspektionsreise in den Süden: Der Qing-Kaiser Gaozong (Regierungsdevise Qianlong) unternahm sechs aufwendige Reisen in die Gegend am Unterlauf des Changjiang (Jangtsekiang), die fünfte davon im siebenunddreißigsten Jahr des Sechzigerzyklus (1780), die sechste im einundvierzigsten Jahr (1784).

144 *sechster Monat:* Juni/Juli 1778.

147 *Qingming-Fest:* Zum Qingming-Fest, das auf den 5. oder 6. April fällt, wurden die Ahnengräber instand gesetzt und Grabopfer gebracht.
Dongyue: Ort westlich von Hangzhou.
maozhu-Bambussprossen: die jungen Triebe von Phyllostachys pubescens.

148 *achter Monat des achtunddreißigsten Jahres:* September/Oktober 1781.

150 *in die Höhe zu steigen:* Am 9. Tag des 9. Monats war es Brauch, hochgelegene Orte (Berge, Türme, Pagoden) zu besteigen, um dort Wein zu trinken und ein spezielles Gebäck zu essen.

152 *Xu Fang:* 1622–1694, Beamter, Dichter und Landschaftsmaler. Lebte seit 1645 zurückgezogen auf dem Lande, weil er nicht der mandschurischen Qing-Dynastie dienen wollte.

153 *›Wind und Wasser‹:* ›Ein System von Vorstellungen, die bei der Wahl der Stelle für ein Haus oder ein Grab berücksichtigt werden müssen‹. (Thomas Thilo)

154 *der Name entspricht nicht ...:* Das *lan* in Languan bedeutet ›Orchidee‹.

Yuhuan: Kindheitsname von Yang Taizhen (719–756), einer Lieblingsnebenfrau des Tang-Kaisers Xuanzong, die der Überlieferung nach korpulent war. Bei Mawei mußte sie der Kaiser auf Verlangen seiner meuternden Truppen umbringen lassen. Ihr Schicksal behandelte Bai Juyi in einem berühmten Gedicht (dt. Nachdichtung von Ernst Schwarz unter dem Titel *Lied von unsterblicher Liebe und Sehnsucht* in: Chrysanthemen im Spiegel, S. 261 ff.).

vierzigstes Jahr des Sechzigerzyklus: 1783.

155 *Weiyang:* anderer Name der Stadt Yangzhou.

Jinshan: damals wie Jiaoshan eine Insel im Changjiang (Jangtsekiang) bei Zhenjiang, heute durch Verlandung fest mit dem Ufer verbunden. Zu den dortigen Sehenswürdigkeiten vgl. Alte chinesische Gartenkunst, S. 196 ff. (Goldberg).

Wang Shizhen: 1634–1711, Dichter, der fünf Jahre lang als Beamter in Yangzhou tätig war.

›Die Halle, die auf gleicher Höhe mit den Bergen ist‹: im Original Pingshantang; vgl. Alte chinesische Gartenkunst, S. 192 ff. (Hier fälschlich ›die Halle des Flachen Berges‹ genannt. Eine Inschriftentafel in der Halle besagt: ›Die

fernen Berge kommen heran und sind auf gleicher Höhe mit dieser Halle.‹)

155 *die Hängenden Gärten von Liangfeng, der Jadeteich im Kunlun und die Jadepaläste auf dem Mond:* phantastische Sehenswürdigkeiten in der chinesischen Mythologie.

156 *›Regenbogengarten‹ … ›Regenbogenbrücke‹:* Der Garten hieß zwar Hóngyuan, wurde aber nicht mit dem Schriftzeichen für ›Regenbogen‹ geschrieben, das *hóng* war vielmehr der Familienname des Gartenbesitzers. Die Brücke hieß ursprünglich wegen ihres roten Geländers ›Rote Brücke‹ (Hóngqiao), in ›Regenbogenbrücke‹ (Hóngqiao) wurde sie umbenannt, als die hölzerne Brücke durch eine gewölbte Steinbrücke ersetzt wurde. Die von Shen Fu beschriebene Route vom Hongyuan bis zur ›Halle, die auf gleicher Höhe mit den Bergen ist‹, wird ›Magerer Westsee‹ (Shouxihu) genannt; vgl. Alte chinesische Gartenkunst, S. 186ff. (›Der Schlanke Westsee‹).

159 *›Kloster des Herzens der Lotosblume‹:* im Original Lianxinsi; richtig heißt es ›Kloster des Charakters der Lotosblume‹ (Lianxingsi). Die Silben *xin* und *xing* werden im Wu-Dialekt nicht unterschieden, daher die Verwechslung.

Steine aus dem Taihu-See: Die vom Wasser bizarr ausgewaschenen Steine aus dem Taihu werden in chinesischen Gärten zu künstlichen Felsen benutzt.

›Wald der Zehntausend Kiefern‹: im Original Wansonglin; richtig muß es heißen ›Hügel der Zehntausend Kiefern‹ (Wansongling). Wieder ist der Dialekt an der Verwechslung schuld, der *lin* und *ling* nicht unterscheidet.

Ouyang Xiu: vgl. oben, Anm. zu S. 19.

160 *›Garten der Neun Gipfel‹:* im Original Jiufengyuan; die ›Neun Gipfel‹ waren neun bizarre Steine aus dem Taihu-See, zwei davon wurden auf Befehl des Kaisers in einen der kaiserlichen Gärten übergeführt.

160 *Kangshan:* Berg im Südosten von Yangzhou mit einer Halle darauf, in der der Dichter Kang Hai (1475–1540) mit seinen Gästen Wein trank und die Laute spielte.
Inspektionsreise nach dem Süden: vgl. oben, Anm. zu S. 143.
einundvierzigstes Jahr des Sechzigerzyklus: 1784.
vom Tiaoxi-Bach: vgl. oben, Anm. zu S. 40.

162 *Spiegelsee:* im Original Jinghu; der See südwestlich von Jiaxing, in dem auf einer Insel der ›Turm des Nebels und des Regens‹ (Yanyulou) steht, heißt ›Mandarinentensee‹ (Yuanyanghu) oder ›Südsee‹ (Nanhu). Vom ›Turm des Nebels und des Regens‹ existiert eine Kopie, die sich der Qing-Kaiser Gaozong 1780 auf einer Insel in der Sommerresidenz ›Bergvilla, in der man der Sommerhitze entflieht‹ (Bishu shanzhuang) in Chengde (früher Jehol) erbauen ließ. Einen ›Spiegelsee‹ (Jinghu oder Jianhu) gibt es südlich von Shaoxing.

163 *›Das Wesen von Ingwer und Zimtrinde ...‹:* sprichwörtlich gewordener Ausspruch von Yan Dunfu, einem Beamten des Song-Kaisers Gaozong (regierte von 1127–1162).
Flut: Der Anblick der Flut ist bei Haining dadurch besonders beeindruckend, daß hier die Gezeitenwelle in die Hangzhou-Bucht eindringt und sich dabei mehr als drei Meter hoch staut.

164 *Mittelherbstfest:* siehe oben, Anm. zu S. 28.
fünfundzwanzig Jahre alt: im Jahre 1787.
Wulin: siehe oben, Anm. zu S. 16 .
›Zilings Angelterrasse‹: im Original Ziling diaotai; Ziling ist der Beiname des Yan Guang, der im 1. Jahrhundert hier als Einsiedler gelebt haben soll.
Jiękou: Shen Fu schreibt den Ortsnamen fälschlich Jièkou (›Grenzmündung‹) statt Jiēkou (›Straßenmündung‹).
Zwischen hohen Bergen ...: zwei Zeilen aus einem Gedicht von Su Dongpo, dt. Nachdichtung von Ernst Schwarz.

165 *Huang Chao:* Führer eines Aufstands in der Tang-Zeit, starb im Jahre 884.

Wang Meng: 1308–1385, Landschaftsmaler.

168 *Lin Shuangwen:* Der Aufstand des Lin Shuangwen auf Taiwan dauerte von Ende 1786 bis zum Frühjahr 1788.

Feng Fu: Bei Mengzi heißt es von Feng Fu, er sei geschickt darin gewesen, mit Tigern zu kämpfen, sei aber dann ein Gelehrter geworden. Als er eines Tages auf eine Menschenmenge stieß, die mit einem Tiger nicht fertig wurde, stieg er vom Wagen und half den Leuten. Diese waren zufrieden mit ihm, die Gebildeten aber lachten ihn aus. (Siehe Mong Dsi, dt. von Richard Wilhelm, S. 177.)

nördlich des Changjiang: Bezeichnung für den nördlich des Changjiang (Jangtsekiang) gelegenen Teil der Provinz Jiangsu.

171 *südlich der Fünf Bergketten:* im Original Lingnan; umschreibende Bezeichnung für die südchinesischen Provinzen Guangdong und Guangxi.

10. Tag des 10. Monats: 13. November 1793.

der Heilige hat … gelehrt: Bei Mengzi heißt es: ›Wenn es verboten ist, mit engen Netzen in getrübtem Wasser zu fischen, so gibt es so viel Fische und Schildkröten, daß man sie gar nicht alle aufessen kann.‹ (Siehe Mong Dsi, dt. von Richard Wilhelm, S. 3.)

172 *›Turm des Prinzen von Teng‹:* im Original Tengwangge; berühmtes Bauwerk in Nanchang, Provinz Jiangxi, einer der ›Drei Großen Türme am Unterlauf des Changjiang (Jangtsekiang)‹. Während der Turm ursprünglich oberhalb des Stadttors Zhangjiangmen gestanden hatte, wurde er im 15. Jahrhundert außerhalb dieses Tors am Flußufer neu erbaut. Das Gedicht über den Turm und ein ›Vorwort‹ dazu, in dem es heißt ›Gehäufte Gipfel, ragendes Grün, darüber erhebt er sich aus den Wolken‹, hat der Dichter Wang Bo bereits im Jahre 671 verfaßt. Der Turm wird gegenwärtig (1988) in alter Form neu errichtet.

Präfekturschule … in Suzhou: Die ehemalige Präfekturschule befindet sich im Südwestviertel der Altstadt von Suzhou, sie lag also innerhalb, der Kai dagegen außerhalb des genannten Stadttors.

172 *Ganguan:* Es muß die Stadt Ganzhou gemeint sein.
Nan'an: heute Dayu.
mein dreißigster Geburtstag: Shen Fus Geburtstag war der 22. Tag des 11. Monats (entsprach im Jahre 1793 dem 24. Dezember). Nach chinesischer Zählung mußte Shen Fu in diesem Jahr seinen 31. Geburtstag feiern. (Zum Vergleich: Der Qing-Kaiser Shengzu, Regierungsdevise Kangxi, feierte seinen 60. Geburtstag am 12. April 1713, geboren war er am 4. Mai 1654. – Beide Daten entsprechen dem 18. Tag des 3. Monats des altchinesischen Kalenders.)
Nudeln: Lange Nudeln als Symbol der Langlebigkeit sind in China ein traditionelles Geburtstagsgericht.

173 *›Gedächtnistempel des Generals Mei‹:* im Original Meijiangjunci. Es handelt sich um Mei Juan, einen Heerführer unter Liu Bang (256–195 v. u. Z.), dem Begründer der Han-Dynastie. Meiling (›Aprikosenpaß‹) ist ein anderer Name des Dayu-Passes.
Aprikosenbäume: Von diesen Aprikosenbäumen ist in literarischen Werken aus der Tang-Zeit (bei Du Fu und Bai Juyi) die Rede.

174 *Vollmond des zwölften Monats:* 16. Januar 1794.
Neujahrstag: Das neue Jahr nach dem altchinesischen Kalender begann am 31. Januar 1794.
Vollmond im ersten Monat: 14. Februar 1794.

177 *Chaozhou-Truppe:* vom Ortsnamen Chaozhou (heute Chao'an) abgeleitet.

180 *die dreizehn ausländischen Faktoreien:* die Wohn- und Geschäftsräume enthaltenden Häuser der ausländischen Firmen, die vor dem Opiumkrieg in Guangzhou (Kanton) Handel treiben durften.
Youlanmen: Shen Fu schreibt Youlanmen als ›Tor der Dunklen Orchideen‹, in Wirklichkeit hieß es ›Ölgeländertor‹.

180 *auf den ausländischen Bildern:* Vermutlich sind europäische Kupferstiche gemeint, die damals als Handelsware nach China kamen.

183 *Kanon der gesammelten Düfte:* im Original Qunfangpu; botanisches Nachschlagewerk aus dem 17. Jahrhundert, verfaßt von Wang Xiangjin.

189 *Litchipflaumen:* die leicht verderblichen Früchte von Litchi chinensis, die nur in Südchina gedeihen.

Ein halbes Jahr ...: zwei leicht variierte Zeilen aus einem Gedicht des Du Mu (803—852).

190 *Mittelherbstfest:* vgl. oben, Anm. zu S. 28.

196 *›Mondkette‹:* Die ›Mondkette‹ *(chuanyue)* bildete sich an der ›Brücke des Kostbaren Gürtels‹, die im Südosten von Suzhou den See Dantaihu an der Stelle überquert, wo er vom Kaiserkanal geschnitten wird, und zwar wenn der aufgehende Mond in einer bestimmten Höhe und einer bestimmten Richtung stand, so daß sein vom Wasser reflektiertes Licht aus der Ferne durch alle 53 Brükkenbogen zu sehen war. Dieses Phänomen trat in seiner ganzen Schönheit nur am 18. Tag des 8. Monats nach dem altchinesischen Kalender auf. Beobachtet wurde es aus westlicher Richtung, entweder vom Boot auf dem benachbarten See Shihu aus, wobei die Plätze unterhalb der Brücke Xingchunqiao besonders begehrt waren, oder aber vom Pavillon ›Seeblick‹ aus, der westlich vom Shihu auf dem Berg Shangfangshan stand. Durch den Bau einer neuen Brücke parallel zur alten und dicht neben ihr kann die ›Mondkette‹ heute nicht mehr entstehen.

197 *Fan Zhong'an:* 989—1052, Beamter, der sich unter dem Song-Kaiser Renzong um die Landesverteidigung verdient machte.

199 *Quelle von Wuling:* Aus dem Ort Wuling stammte der Fischer, der den Pfirsichblütenquell fand (vgl. oben, Anm. zu S. 106), dieser wird deshalb auch Quelle von Wuling genannt. Hier wird auf den Schluß der Erzählung angespielt, wo es heißt, die Quelle sei später nicht mehr zu finden gewesen.

203 *Weiyang:* siehe oben, Anm. zu S. 155.
Shangyang: anderer Name der Stadt Shanghai.
Park am Stadtgott-Tempel: der ›Garten des Erfreuens‹ (Yuyuan); vgl. Alte chinesische Gartenkunst, S. 138 ff.
zweiter Monat: März/April 1801.

204 *biluochun:* berühmte Sorte grünen Tees, wächst auf der Halbinsel Dongtingshan im Taihu.

207 *erstes Jahr des Sechzigerzyklus:* 1804.
achter Monat: September/Oktober 1804.

210 *zehnter Monat:* November 1804.
›Tausend qing Wolken‹: vgl. oben, Anm. zu S. 56.
›Löwenwald‹: im Original Shizilin; vgl. Alte chinesische Gartenkunst, S. 114 ff.
Ni Zan: vgl. oben, Anm. zu S. 75.
Berg Lingyanshan: Die Sehenswürdigkeiten des Lingyanshan erinnern an Xishi, eine bekannte Schönheit des Altertums. Xishi wurde von König Goujian von Yue (gest. 465 v. u. Z.) seinem Widersacher, dem König Fucha von Wu, zugespielt, um ihn mittels ihrer Reize zur Vernachlässigung der Regierungsgeschäfte zu verleiten. Der Plan gelang, die Truppen von Wu wurden vernichtend geschlagen, und König Fucha beging (473 v. u. Z.) Selbstmord.

211 *erster Monat des zweiten Jahres des Sechzigerzyklus:* Februar 1805.

212 *neunter Monat desselben Jahres:* Oktober 1805; vgl. oben, S. 137.
Wancheng: anderer Name von Anqing, der damaligen Hauptstadt der Provinz Anhui. Zu den hiesigen Sehenswürdigkeiten gehörten wirklich das Grab des Yu Que (1303–1358) und der ›Pavillon des Großen Anblicks‹, einen ›Südsee‹ aber gibt es hier nicht, unmittelbar südlich der Stadtmauer fließt der Changjiang (Jangtsekiang), auf diesen blickte man von dem Pavillon aus. Der nächste bekannte ›Südsee‹ liegt bei Qianshan, etwa 60 Kilometer nordwestlich von Anqing.

213 *›Turm des Gelben Kranichs‹:* im Original Huanghelou.

Einen Turm dieses Namens gab es in Wuchang schon vor 1700 Jahren. Immer wieder zerstört und immer wieder neu aufgebaut, gehörte er ebenfalls zu den ›Drei Großen Türmen am Unterlauf des Changjiang (Jangtsekiang)‹ (vgl. oben, Anm. zu S. 172). Das von Shen Fu beschriebene Gebäude stammte aus dem Jahre 1736 und stand bis 1810. Der heutige Turm wurde 1984 fertiggestellt.

214 *›Jadeterrassen‹:* im Original Yaotai; in Sage und Mythe erwähntes Bauwerk.

Huangzhou: heute Huanggang, östlich von Wuhan am Changjiang (Jangtsekiang) gelegen. Die hiesige ›Rote Wand‹ befindet sich am Nordufer des Flusses.

Buch der Gewässer: Shuijing; hydrographische Beschreibung von China, stammt wahrscheinlich aus der Zeit der Drei Reiche.

215 *Schlacht zwischen Wu und Wei:* An der ›Roten Wand‹ am Südufer des Changjiang (Jangtsekiang) südwestlich der Stadt Jiayu (westlich von Wuhan) wurden im Jahre 208 die Truppen des Cao Cao von einer Armee unter Zhou Yu geschlagen.

elfter Monat: Dezember 1805/Januar 1806.

216 *Zhang Jiuling:* 673–740, Dichter und Beamter, Qujiang ist der Name seines Heimatortes.

Zhu Xi: 1130–1200, Philosoph, Begründer des Neokonfuzianismus.

Guan Zhuangmou: postumer Ehrenname des Feldherrn Guan Yu, vgl. oben, Anm. zu S. 135.

›Roter Hase‹: Chitu; historisch belegt nur als Pferd des Lü Bu. Erst in der Ausschmückung des Romans *Sanguo yanyi* (gekürzte dt. Übersetzung von Franz Kuhn unter dem Titel *Die drei Reiche*) schenkt es nach Lü Bus Hinrichtung Cao Cao dem Guan Yu.

Luo Han: Beamter und Dichter des 4. Jahrhunderts, lebte zurückgezogen in einer strohgedeckten Hütte bei Jingzhou.

Song Yu: Dichter des 3. Jahrhunderts v. u. Z.

216 *Hou Jing:* Königsmörder und Thronusurpator in der Zeit der Nord- und Süd-Dynastien, starb 552.
Yu Xin: siehe oben, Anm. zu S. 19.
Jiangling: anderer Name der Stadt Jingzhou.

219 *Neujahr:* Das neue Jahr nach dem altchinesischen Kalender begann am 18. Februar 1806.
der Ort, durch den Laozi ... kam: Der Überlieferung zufolge hat der Philosoph Laozi im Alter das Land in westlicher Richtung verlassen und unterwegs auf Bitte des Paßaufsehers sein Werk *Daodejing* niedergeschrieben (vgl. Laudse, Daudedsching, dt. von Ernst Schwarz, Leipzig 1970, S. 223 ff.).

220 *›Tongguan liegt im Sonnenschein ...‹:* eine Zeile aus einem Gedicht des Han Yu (vgl. oben, Anm. zu S. 19). Geschildert wird, wie eine Armee nach siegreicher Schlacht gegen meuternde Truppen in Tongguan einzieht. Die Tore stehen zu ihrer Begrüßung offen.

221 *›Das unvertäute Boot‹:* im Original Buxizhizhou; einen Pavillon gleichen Namens gibt es im Jin-Gedächtnistempel (Jinci) bei Taiyuan; vgl. Alte chinesische Gartenkunst, S. 223.

222 *Tempel Huayinmiao:* der Tempel des Westlichen Heiligen Berges, des Huashan (vgl. oben, Anm. zu S. 39), der auch Taihua genannt wird.
der Ort, wo Yao dreifach beglückwünscht worden ist: Nach dem Buch *Zhuangzi* (vgl. oben, Anm. zu S. 19) wurde der mythische Kaiser Yao dreifach beglückwünscht nicht von ›den Leuten aus Huafeng‹, wie Shen Fu das *hua feng ren* des Originals aufzufassen scheint, sondern vom *fengren* (ein Beamtentitel) von Hua (vgl. Dschuang Dsi, dt. von Richard Wilhelm, S. 87).
Chen Tuan ... Herr Xiyi: ›Herr Xiyi‹ war der vom Kaiser verliehene Ehrenname des Einsiedlers Chen Tuan, gestorben 989.

223 *Anfang des zehnten Monats:* Mitte November 1806.
›Springende Quelle‹: im Original Baotuquan; vgl. Alte chinesische Gartenkunst, S. 174 ff.

224 *(Patriarch) Lü:* im Original Lüzu, das ist Lü Dongbin, ein daoistischer Heiliger, einer der Acht Unsterblichen.
zweiter Monat: März/April 1807.
viertes Jahr des Sechzigerzyklus: 1807.
Dengzhou: heute Penglai.
›Seemarkt von Dengzhou‹: im Original Dengzhou haishi; Luftspiegelungen über dem Meer, für die die Gegend heute noch berühmt ist.

Maßeinheiten

1 *cun* = 3,2 cm
1 *chi* = 32 cm
1 *ren* = etwa 2,5 m
1 *zhang* = 3,2 m
1 *li* = 576 m
1 *mu* = 6,1 a
1 *qing* = 6,1 ha
1 *liang* = 37,3 g
1 *jin* = 596,8 g
1 *dan* = 59,68 kg

Zeittafel

(nach Yu Pingbo,
bearbeitet vom Herausgeber)

1763	
Februar	Chen Yun geboren.
Dezember 26	Shen Fu geboren.
1766	Chen Yuns Vater stirbt.
1775	
August 11	Shen Fu wird mit Chen Yun verlobt.
1777	Shen Fu mit seinem Vater in Shaoxing, lernt bei Zhao Shengzhai.
1778	Shen Fu mit seinem Lehrer in Hangzhou.
1780	
Februar 26	Shen Fu heiratet Chen Yun.
April Anfang	Shen Fu kehrt zu seinem Lehrer nach Hangzhou zurück.
Juni Ende	Shen Fu wieder in Suzhou. Er verbringt den Hochsommer mit Chen Yun in der Halle ›Wie ich es nehme‹.
August 6	Opfer für die Himmlische Weberin.
August 14	Feier zum Vollmond, Shen Fu und Chen Yun erkranken.
September 13	Shen Fu und Chen Yun zum Mittelherbstfest im ›Pavillon der Dunklen Wellen‹.
1781	
Herbst	Shen Fus Vater erkrankt an Wechselfieber, Chen Yun ebenfalls krank. Auf

	Befehl des Vaters bricht Shen Fu seine Studien ab und läßt sich statt dessen von einem Schwurbruder des Vaters als Amtssekretär ausbilden.
Winter	Shen Fu folgt seinem Ausbilder nach Fengxian.
1782	
Oktober 15	Shen Fu ist in Suzhou, unternimmt mit einem Freund einen Ausflug in die Hanshan-Berge und nach Shangshacun.
1783	
Frühjahr	Shen Fu reist mit seinem Ausbilder erstmals nach Yangzhou.
1784	
Frühjahr	Shen Fu ist mit seinem Vater in Wujiang, als der Kaiser (Gaozong, Regierungsdevise Qianlong) auf seiner sechsten Reise durch Mittelchina dort eintrifft.
Spätsommer	Shen Fu reist mit seinem Vater über Jiaxing nach Haining.
September 29	Zum Mittelherbstfest beobachtet Shen Fu mit seinem Vater die Gezeitenwelle in der Hangzhou-Bucht.
1785	Shen Fu mit seinem Vater in Haining. Der Vater erstmals mit Chen Yun unzufrieden.
1787	Shen Fu reist über Hangzhou nach Jixi in der Provinz Anhui. Chen Yun bringt ihre Tochter Qingjun zur Welt.

1788	Shen Fu gibt seine Sekretärstätigkeit vorübergehend auf, kehrt nach Suzhou zurück und versucht sich als Teilhaber am Weinhandel eines Onkels.
1789	Shen Fu wird wieder Amtssekretär, bleibt vier Jahre nördlich des Changjiang (Jangtsekiang). Chen Yun bringt ihren Sohn Fengsen zur Welt.
1790	Shen Fu bei seinem Vater in Yangzhou. Chen Yun sucht für den Schwiegervater eine Nebenfrau, zieht sich die Unzufriedenheit der Schwiegermutter zu.
1792 Frühjahr	Shen Fu fährt aus Zhenzhou zu seinem kranken Vater nach Yangzhou und wird dort ebenfalls krank. Danach zurück nach Zhenzhou. Der Vater weist Shen Fu und Chen Yun aus dem Haus. Sie ziehen ins ›Haus der Stille und Frische‹, das einem Freund von Shen Fu gehört.
1793	Geselliges Leben im ›Haus der Stille und Frische‹. Zur Zeit der Rapsblüte Ausflug zum ›Südgarten‹.
Juli 25	Chen Yun begleitet Shen Fu auf einer Bootsfahrt über den Taihu-See nach Wujiang und zurück.
November 13	Shen Fu bricht mit dem Mann einer Kusine zu einer Geschäftsreise nach Guangzhou (Kanton) auf.
Dezember 24	Unterwegs feiert Shen Fu in Nan'an (Dayu) seinen Geburtstag.

1794	
Januar 16	Shen Fu trifft in Guangzhou ein.
Februar 14	Ausflug zu den Freudenmädchen, Shen Fu wird mit Xi'er bekannt.
Mai/Juni	Abreise aus Guangzhou.
August	Shen Fu wieder in Suzhou. Der Vater holt ihn mit Frau und Kindern nach Hause zurück.
1795	Shen Fu geht als Amtssekretär nach Qingpu.
September 17	Shen Fu ist in Suzhou. Auf einem Ausflug zum ›Tigerhügel‹ wird Chen Yun mit Hanyuan bekannt.
September 30	Chen Yun verschwistert sich mit Hanyuan.
1796	Shen Fu noch in Qingpu. Hanyuan wird die Nebenfrau eines reichen Mannes. Chen Yuns Krankheit bricht wieder aus.
1797–1800	Shen Fu stellungslos mit der kranken Chen Yun in Suzhou. Um Geld zu verdienen, betreibt er einen Laden, in dem er selbstgefertigte Bilder und Kalligraphien verkauft.
1800	
Oktober 5	Shen Fu unternimmt mit Freunden einen Ausflug in die Berge westlich von Suzhou.
1801	Shen Fus Vater weist Sohn und Schwiegertochter Anfang des Jahres erneut aus dem Hause.
Februar 8	Shen Fu fährt mit Chen Yun nach Wuxi, wo sie bei Chen Yuns Schwurschwester wohnen.

Februar/März	Ende Februar/Anfang März fährt Shen Fu nach Jingjiang, um Geld zu beschaffen.
März	Shen Fu fährt nach Shanghai, um dort ebenfalls Geld zu beschaffen. Auf dem Rückweg macht er in Changshu Station und besucht den Yushan-Berg.
Frühjahr	Shen Fu fährt nach Yangzhou und bekommt dort eine Stelle als Schreiber im Examenshof.

1802	
Oktober/ November	Als Chen Yun sich besser fühlt, holt Shen Fu sie aus Wuxi nach Yangzhou. Einen Monat später verliert Shen Fu seine Stellung.

1803	
Februar/März	Chen Yuns Gesundheitszustand verschlechtert sich. Shen Fu geht zu Fuß nach Jingjiang, um dort Geld zu borgen.
Mai 20	Chen Yun stirbt. Shen Fu begräbt sie, macht einen Besuch bei seiner Familie und kehrt nach Yangzhou zurück.
November	Shen Fu bekommt für drei Monate eine Aushilfsstellung.

1804	
April/Mai	Shen Fu erfährt, daß sein Vater gestorben ist. Er fährt nach Suzhou, hat Streit mit seinem jüngeren Bruder und will schließlich die Familie verlassen, um als Einsiedler zu leben.
Juli Anfang	Auf Anraten von Freunden zieht Shen Fu als Gast in ein buddhistisches Kloster. Er reist mit dem Vater eines Freundes auf die Insel Chongming.

Oktober	Nachdem sein Vater beerdigt ist, begleitet Shen Fu einen Freund auf die Insel Yongtaisha.
1805	
Februar	Shen Fu reist mit der Familie eines Freundes zum Berg Pushan.
Oktober 30	Shen Fu verläßt Suzhou, um seinen Freund Shi Yunyu (Shi Zhuotang) als Sekretär nach Chongqing zu begleiten.
Dezember	Um die Jahreswende treffen die Reisenden in Jingzhou ein, wo Shi Yunyu erfährt, daß er nach Tongguan versetzt worden ist. Shen Fu bleibt vorerst in Jingzhou.
1806	
Frühjahr	Shen Fu verläßt Jingzhou und reist nach Tongguan hinterher.
April	Shen Fu trifft in Tongguan ein.
Mai/Juni	Shen Fus Sohn Fengsen stirbt.
Dezember Anfang	Shen Fu verläßt Tongguan, um Shi Yunyu nach Jinan zu folgen.
1807	
März/April	Shen Fu wird Amtssekretär in Laiyang.
August 8	Der Kaiser (Renzong, Regierungsdevise Jiaqing) ernennt Qi Kun und Fei Xizhang zu Gesandten nach Riukiu.
Herbst	Shen Fu folgt Shi Yunyu nach Peking.
Winter	Der Kaiser gewährt Shi Yunyu den erbetenen Abschied aus dem Staatsdienst.
1808	Shen Fu schreibt die ersten vier (?) seiner *Sechs Aufzeichnungen*.
Sommer	Shen Fu reist als Sekretär mit der Gesandtschaft Qi Kuns und Fei Xizhangs nach Riukiu.

Juli 4	Abfahrt von Fuzhou.
Juli 10	Ankunft in Naba (Naha).
September 20	König Shang Hao (Shō Kō) wird offiziell zum chinesischen Prinzen erklärt.
November 19	Die Gesandtschaft geht wieder an Bord, um Naba zu verlassen.
November 29	Die Schiffe der Gesandtschaft geraten in einen Sturm.
Dezember 2	Rückkehr nach Fuzhou.

Nachwort

Warum enthält das Buch nur vier Teile, wenn der Titel sechs verspricht? Den Ausgangspunkt zur Beantwortung dieser Frage bildet der Umstand, daß der Autor sein Buch nicht selbst in Druck gegeben hat. Zur Drucklegung kam es erst, als Shen Fu schon jahrzehntelang tot gewesen sein muß, und der erste Herausgeber, Yang Yinchuan, kaufte das Manuskript bei einem Trödler. In seinem ›7. Tag des 7. Monats des 3. Jahres Guangxu‹ (15. August 1877) datierten Vorwort schreibt er: ›Das Buch *Sechs Aufzeichnungen über ein unstetes Leben* fand ich auf dem Stand eines Straßenhändlers in der Präfekturstadt. Zwei von den sechs Aufzeichnungen fehlten. Es hat den Anschein, daß es sich um das Manuskript des Verfassers handelt. Geht man nach dem, was darin geschrieben steht, so lautete Shens Beiname Sanbai, sein persönlicher Name dagegen ist verloren. Ich fragte überall in der Stadt danach, aber niemand kannte ihn ...‹

Yang Yinchuan ließ das Fragment dann 1878 mit anderen Texten zusammen als *Gesammelte Abschriften aus der Studierstube der Einsamen Erkenntnis (Duwu'an congchao)* im Rahmen der *Bibliothek des Shenbao-Verlages (Shenbaoguan congshu)* drucken.

Wenn das Manuskript auch unvollständig war und die Aufzeichnungen V und VI fehlten, war doch sein Inhaltsverzeichnis komplett. Danach trug die V. Aufzeichnung die Überschrift *Von den Erlebnissen auf Zhongshan*, und die VI. hieß *Von den Wegen zur Gesunderhaltung.*

Erworben hatte Yang Yinchuan die Handschrift der *Sechs Aufzeichnungen* offenbar schon zirka dreißig Jahre, bevor sie 1878 veröffentlicht wurde. Denn in einem ›zweite Dekade des 9. Monats des 14. Jahres des Sechzigerzyklus‹ (zweite Hälfte Oktober 1877) datierten Nachwort, das der Erstausgabe beigefügt war und das Yang Yinchuan zu diesem Zweck von seinem Schwager Wang Tao (1828–1897) zugeschickt bekam, der als Gelehrter und Mitbegründer des modernen Journalismus in

China bekannt ist, heißt es: ›In meiner Jugendzeit hatte ich [zu den *Sechs Aufzeichnungen*] ein Nachwort geschrieben, in dem es hieß: ‚....‘ Wenn ich bedenke, daß danach noch kein Jahr vergangen war, als ich den Tod meiner Frau zu beklagen hatte, scheinen diese Worte eine unbewußte Weissagung gewesen zu sein. Leider hatte ich mir keine Abschrift von dem Buch gemacht. Seitdem ich in Guangdong lebe, muß ich oft daran denken ...‹ Da bekannt ist, daß Wang Taos erste Frau Yang Mengheng, eine jüngere Schwester von Yang Yinchuan, 1850 verstorben ist, ergibt sich, daß er die *Sechs Aufzeichnungen* spätestens um 1849 gelesen haben muß, und zwar dürfte er dasselbe Exemplar gelesen haben, von dem Yang Yinchuan schreibt, daß er es (zu einem nicht genannten Zeitpunkt) am Straßenrand kaufte. Denn hätte Yang Yinchuan nicht genau gewußt, daß Wang Tao seinerzeit kein anderes Exemplar gelesen haben konnte, hätte er wohl nicht ohne weiteres annehmen können, im Besitz des Originalmanuskripts zu sein.

Die einfachste Erklärung ist die, daß damals Yang Yinchuan selbst die neuerworbene Handschrift Wang Tao zu lesen gegeben haben wird, der nicht später als 1847 sein Schwager geworden sein kann. (In diesem Jahr brachte ihm Yang Mengheng die Tochter Wang Wan zur Welt.)

Keine eindeutige Erklärung läßt sich dagegen für ein anderes Problem finden, das sich aus einem weiteren Text ergibt, den Yang Yinchuan mit den *Sechs Aufzeichnungen* zusammen abdrucken ließ. Es sind dies sechs nicht datierte siebensilbige Vierzeiler, die ein gewisser Guan Yi'e (Guan Shuquan) aus Yanghu, das heißt aus Changzhou in der Provinz Jiangsu, gedichtet hat und die Yang Yinchuan ebenfalls von seinem Schwager Wang Tao übersandt bekam. Einem oft geübten Brauch chinesischer Literaten folgend, hat Guan Yi'e in diesen Versen seine Eindrücke von der Lektüre der *Sechs Aufzeichnungen* festgehalten und ist dabei – das ist für uns das Entscheidende – auf alle sechs Aufzeichnungen eingegangen. Wohl hat noch ein anderer Literat, Pan Linsheng (Jinseng), einer von Yang Yinchuans Bekannten, denen er das Buch vor der Veröffentlichung zu lesen gab, Verse darüber verfaßt, die der Erstausgabe ebenfalls beigefügt waren und in denen die Aufzeichnungen V und VI mit berücksichtigt werden, obgleich das Manuskript sie ja nicht enthielt, worauf Pan Linsheng selbst in einer Vorbemerkung bedauernd hinweist. Aber während Pan Linshengs ›erster Wintermonat des elften Jahres des Sechzigerzyklus in der Ära Tongzhi‹ (November 1874) datierte Verse in bezug auf die Aufzeichnungen V und VI ganz allgemein bleiben, enthält bei Guan Yi'e der fünfte Vierzeiler die sachliche Aussage ›Übers Meer fuhr er auf dem Schiff von des Kaisers Gesandten, ...‹. Da dies zum einen durchaus den Tatsachen entspricht, was im weiteren noch zu zeigen ist, zum anderen aber weder aus den erhaltenen Teilen der *Sechs Aufzeichnungen* noch aus der Überschrift der verlorenen V. Aufzeichnung über Shen Fus Teilnahme an der Gesandtschaftsreise hervorgeht, muß man annehmen, Guan Yi'e habe den vollständigen Text der *Sechs Aufzeichnungen* gekannt, wie Shen Fu ihn schrieb. Es sei denn, er war aus anderer Quelle über Shen Fus Leben informiert und wußte deshalb die Überschrift der V. Aufzeichnung richtig zu deuten. In diesem Punkt beruft sich auch Yang Yinchuan in seinem Vorwort auf ihn (vgl. unten).

Yang Yinchuans Verdienst ist es, die *Sechs Aufzeichnungen* vor dem Verlorengehen bewahrt zu haben, indem er sie drucken ließ. Jahrzehnte später wurde eine andere Ausgabe des Buches entscheidend für seine Verbreitung in Neuzeit und Gegenwart. Als nach der Bewegung für eine Neue Kultur, die eng mit der politischen ›Bewegung des 4. Mai‹ 1919 verbunden war, im Namen von Demokratie und Freiheit eine neue Literatur befürwortet wurde und die alte Literatur eine neue Bewertung erfuhr, wurden die *Sechs Aufzeichnungen* von dem jungen Literaturwissenschaftler Yu Pingbo (geb. 1900) neu entdeckt. Im Mai 1924 veröffentlichte er in Peking eine interpunktierte Ausgabe, auf der alle späteren Ausgaben fußen. Zugleich versah er das Buch mit einer außerordentlich nützlichen Zeittafel, in der alle von Shen Fu über die vier erhaltenen Aufzeichnungen verstreuten und im sachlichen Zusammenhang geschilderten Ereignisse aus seinem Leben in streng chronologischer Abfolge verzeichnet sind.

In den zwanziger und dreißiger Jahren waren die *Sechs Aufzeichnungen* sehr populär, und jeder, der sie las, dürfte bedauert haben, daß die letzten beiden Aufzeichnungen fehlten. Darum war es sicher eine kleine literarische Sensation, als im November 1935 im Rahmen einer Serie eine vollständige Fassung erschien. Das Manuskript war dem Verlag von einem alten Literaten und Journalisten namens Wang Junqing zur Verfügung gestellt worden. Seinen eigenen Angaben zufolge hatte er es auf dem Stand eines Straßenhändlers in Suzhou gefunden, am selben Ort und unter denselben Umständen also, wie Yang Yinchuan zu der Vorlage für die erste gedruckte Ausgabe der *Sechs Aufzeichnungen* gekommen war.

Aber die chinesische Literaturgeschichte ist so reich an literarischen Fälschungen, daß sich ganz von selbst die Frage erhob, ob das neue Manuskript auch echt sei. Zhao Tiaokuang, der eine *Untersuchung zu den ›Sechs Aufzeichnungen über ein unstetes Leben‹ (›Fusheng liu ji‹ kao)* schrieb, die dem Text dieser Ausgabe vorangestellt ist, wußte nicht besser zu argumentieren als mit den Worten: ›Ob diese Ausgabe zuverlässig ist? Ob sie mit Shen Sanbais Original übereinstimmt? Hierfür konnte ich weiter keine Beweise finden, und so maße ich mir kein eigenmächtiges Urteil an! Ich glaube jedoch, daß Herr Wang Junqing ein Ehrenmann ist, auf den man sich verlassen kann. Zumindest von seiner Seite kann doch wohl keine Fälschung vorliegen!‹

Es verging dann aber nicht viel mehr als ein Jahr, und die literarische Sensation wurde als Schwindel entlarvt. Am 1. Februar 1937 erschien in der Zeitschrift *Guowen zhoubao* (Jg. XIV, H. 6, S. 43 ff.) ein Aufsatz *Nachweis der Fälschung des verschollenen Manuskripts der ›Sechs Aufzeichnungen über ein unstetes Leben‹ (›Fusheng liu ji‹ yigao bian wei)* von Liu Fan. Darin wurde an Hand zahlreicher Zitate eindeutig belegt, daß die Aufzeichnung V *(Von den Erlebnissen auf Zhongshan)* aus den tagebuchartigen *Aufzeichnungen über eine Gesandtschaft nach Riukiu (Shi Liuqiu ji)* des Li Dingyuan abgeschrieben ist.

Den Hinweis, daß es in der verlorenen Aufzeichnung V ›wohl um eine Reise nach Riukiu‹ gegangen sei, hatte schon Yang Yinchuan, der erste Herausgeber der *Sechs Aufzeichnungen*, in seinem Vorwort gegeben. Er hatte es, wie er schreibt, aus Guan Yi'es Versen geschlossen.

Zhongshan (›Mittlerer Berg‹, japanisch Chūzan) war der alte Name eines Teilkönigtums auf der Hauptinsel des Riukiu-Archipels, der heutigen Insel Okinawa. Den Titel ›Prinz von Zhongshan‹ trugen die Herrscher weiter, auch als sie erst über die ganze Hauptinsel und dann über die gesamte Inselgruppe die Macht ausübten. Seit dieser Zeit war der Titel identisch mit dem des Königs von Riukiu. Die offizelle Belehnung als ›Prinz von Zhongshan‹ erfolgte namens des chinesischen Kaisers, der zu diesem Zweck Gesandtschaften nach Riukiu schickte, wenn dort ein neuer Herrscher den Thron bestiegen hatte und um Belehnung bat, was zugleich als Bestätigung des alten Vasallenstatus galt. Außer dem chinesischen Kaiserhof waren die Könige von Riukiu auch den Fürsten der japanischen Provinz Satsuma verpflichtet. Seit 1879 gehören die Riukiu-Inseln als Präfektur Okinawa zu Japan.

Eine chinesische Gesandtschaftsreise nach Riukiu hatte im Jahre 1800 stattgefunden, um König Shang Wen (Shō On) zu belehnen. Ordentlicher Gesandter war Zhao Wenkai (Zhao Jieshan) gewesen, sein Stellvertreter Li Dingyuan, der die *Aufzeichnungen über eine Gesandtschaft nach Riukiu (Shi Liuqiu ji)* hinterlassen hat.

Abgesehen davon, daß schon die von Liu Fan nachgewiesene weitgehende Übereinstimmung der beiden Texte zeigt, daß hier ein Plagiat vorliegen muß, wobei an vielen Stellen deutlich zu erkennen ist, daß Li Dingyuans *Aufzeichnungen* den Ausgangstext bildeten, der von den Fälschern an Shen Fus *Sechs Aufzeichnungen* angepaßt wurde, ergeben sich noch einige offenkundige Widersprüche, wenn man annimmt, Shen Fu sei mit der Gesandtschaft von 1800 in Riukiu gewesen. Zunächst ist völlig unerklärlich, wie er in Suzhou mit

Freunden einen Ausflug machen kann (S. 190ff.), wenn er in Riukiu ist. (Die Gesandtschaft segelte am 22. Juni 1800 von Fuzhou ab und kehrte um den 16. Dezember 1800 hierher zurück.) Des weiteren ließe sich auch die Episode mit dem Geldverleiher von nebenan, die zum Bruch mit dem Vater und zur Übersiedlung nach Wuxi (am 8. Februar 1801) führte (S. 100ff.), zeitlich nicht gut unterbringen. Und könnte Shen Fu wohl von so einer Reise völlig mittellos und ohne anständige Kleidung zurückgekehrt sein?

Außerdem kommt Shen Fu in den ersten vier seiner *Sechs Aufzeichnungen* auf jedes wichtige Ereignis aus seinem bisherigen Leben in der Regel an verschiedenen Stellen zu sprechen. Wenn die Reise nach Riukiu in den Aufzeichnungen I bis IV nirgends erwähnt ist, spricht das am ehesten dafür, daß sie noch nicht stattgefunden hatte, als Shen Fu diese Aufzeichnungen schrieb (1808). Ein weiterer schwerwiegender Einwand ergibt sich auch aus Li Dingyuans *Aufzeichnungen.* Denn dort sind die Namen der vier Sekretäre verzeichnet, die von den Gesandten nach Riukiu mitgenommen wurden, und der Name Shen Fu oder Shen Sanbai ist nicht darunter.

Wie die gefälschte Aufzeichnung VI *(Von den Wegen zur Gesunderhaltung)* fabriziert wurde, ist nicht so leicht nachzuweisen, da hierfür offenbar nicht nur aus einer, sondern aus vielen Quellen geschöpft wurde. Liu Fan konnte lediglich eine davon namhaft machen, die *Worte aus der Studierstube der Hellhörigen Belehrung (Congxunzhai yu)* des Zhang Ying (1638–1708).

In Unkenntnis von Liu Fans Arbeit wurde vierzig Jahre später von einem anderen Forscher noch einmal der Nachweis erbracht, daß die 1935 veröffentlichte ›vollständige‹ Fassung der *Sechs Aufzeichnungen* nicht echt ist. In seinem Aufsatz *Erklärung des Kapitels ›Von den Erlebnissen auf Zhongshan‹ der ›Sechs Aufzeichnungen über ein unstetes Leben‹ als spätere Fälschung (›Fusheng liu ji‹ ›Zhongshan ji li‹ bian wei houren weizuo shuo,* siehe Dongfang zazhi/The Far Eastern Miscellany, Taibei, N. F., Jg. XI/1978, H. 8, S. 67ff.) zeigt Wu Fuyuan ebenfalls mittels vieler Zitate, daß die gefälschte Aufzeichnung V auf Li Dingyuans Reisetagebuch basiert. Wie er feststellte, stammen zirka 90 Prozent des Textes der Aufzeichnung direkt von Li Dingyuan, und nur die restlichen zirka 10 Prozent haben die Fälscher von sich aus hinzugefügt. Auf die Aufzeichnung VI geht Wu Fuyuan nur beiläufig ein. Hierzu verweist er auf eine andere Quelle als sein Vorgänger Liu Fan, nämlich auf Tagebücher des bekannten Politikers Zeng Guofan (1811–1872).

Einen weiteren Beitrag zur Klärung des Falls hat vor wenigen Jahren der greise Journalist Zheng Yimei geleistet. Sein zweites Erinnerungsbuch, *Episoden aus dem Literatengarten (Wenyuan huaxu,* o. O. 1983), enthält eine Reminiszenz *Das Rätsel des verschollenen Manuskripts der ›Sechs Aufzeichnungen über ein unstetes Leben‹ (›Fusheng liu ji‹ yigao zhi mi),* in der es unter anderem heißt: ›Bevor diese Ausgabe im Verlag Die Welt gesetzt und gedruckt worden ist, hatte es noch eine kleine Komplikation damit gegeben. Ich war damals Chefredakteur der *Diamantzeitung,* und Wang Junqing war dort als redaktioneller Mitarbeiter für spezielle Themen tätig, so daß wir ständig Kontakt miteinander hatten. Dann setzte sich Wang Junqing zur Ruhe und zog mit seiner ganzen Familie nach Suzhou. Doch jedesmal, wenn er nach Shanghai kam, suchte er mich unbedingt auf. Einmal berichtete er mir voller Freude: ‚Neulich habe ich in Suzhou bei einem Dorfbewohner eine vollständige handschriftliche Kopie der *Sechs Aufzeichnungen über ein unstetes Leben* entdeckt und habe mit dem Mann abgesprochen, daß er sie mir überläßt, um sie drucken und verbreiten zu lassen.‘ Da ich das Buch sehr gern mochte, erregte mich diese Nachricht natürlich auch.

Einen Monat später kam der alte Herr wieder einmal aus Suzhou zu Besuch und sagte: ‚Der Besitzer der vollständigen Fassung der *Sechs Aufzeichnungen,* von der ich letztens erzählt habe, hat es sich plötzlich anders überlegt. Jetzt will er das kostbare Stück zurückhalten und ist nicht mehr bereit, es veröffentlichen zu lassen. Dabei habe ich mich wegen des Drucks schon mit dem Verlag Die Welt in Verbindung gesetzt, und wenn ich jetzt nicht mehr zu meinem Wort stehe, weiß ich einfach nicht, wie ich mich rechtfertigen und was ich machen soll. Darum möchte ich dich inständig bitten, die beiden Kapitel nachzumachen, ungefähr 20 000 Schriftzeichen. Auf diese Weise könnte man die Sache vertuschen.‘

Ich habe damals höflich abgelehnt, indem ich sagte: ‚Ich bin der Jüngere und müßte eigentlich gehorchen, aber das ändert nichts an der Tatsache, daß mein Stil zu schwerfällig ist, und man kann nicht gut Steine als Jade ausgeben. Außerdem kenne ich den Sachverhalt nicht und wüßte deshalb gar nicht, was ich schreiben soll.‘ Darauf erwiderte er: ‚Sei nicht so bescheiden! Dein Stil ist vornehm, schlicht und verständlich und ähnelt in mancher Hinsicht ganz dem von Shen Sanbai. Die *Wege zur Gesunderhaltung* sind etwas ganz Nebulöses, damit hast du vollkommen freie Hand. Und für die Angelegenheiten von Riukiu in den *Erlebnissen auf Zhongshan* gibt es das *Tagebuch der Gesandtschaft (Fengshi riji)* von Zhao Jieshan, das kannst du zugrunde legen und konsultieren.‘

Doch ich blieb nach wie vor dabei, mich nicht leichtfertig darauf einzulassen. Kurz danach hat dann der alte Herr plötzlich das Zeitliche gesegnet, und als im Verlag Die Welt die *Reihe der Meisterwerke* erschien, prangte darin auch die angeblich vollständige Fassung der *Sechs Aufzeichnungen.* Hat also der alte Herr selber zur Feder gegriffen, um die beiden fehlenden Aufzeichnungen zu schreiben, hat er einen anderen Kollegen beauftragt, sie zu fälschen, oder hat vielleicht jener Dorfbewohner für schweres Geld doch wieder gestattet, sie zu veröffentlichen? Angesichts all dieser Fragen würde ich Wang Junqing gern aus dem Jenseits zurückholen und um Aufklärung bitten.

Alles in allem war nicht nur Zhu Jianmang der Meinung, auf diese Ausgabe sei kein Verlaß, auch ich habe den Eindruck, daß sehr wenig Verläßliches daran ist. Zum Beispiel hatte Wang Junqing verlangt, meine Nachahmung solle 20 000 Schriftzeichen enthalten, und jetzt haben diese beiden Kapitel einen Umfang von nicht mehr und nicht weniger als gut 20 000 Schriftzeichen. Da sieht man, daß Wang Junqing es von langer Hand so geplant hatte. Außerdem sind die vier

Aufzeichnungen von Shen Sanbai leicht und fließend, die letzten beiden aber zähflüssig geschrieben. Auch das reicht aus, um zu beweisen, daß nicht ein und dieselbe Person der Verfasser war.‹

Diese ausführliche Schilderung des Vorgangs, der schon 1981 von Song Yi in einem kurzen Aufsatz unter dem Titel *Ein Fälschungsdelikt vor mehr als vierzig Jahren (Sishi duo nian qiande yiduan weizuo gong'an)* in der Pekinger Zeitschrift *Bücher lesen* (Du shu, H. 2, S. 151f.) unter Berufung auf einen Brief von Zheng Yimei an Yu Pingbo, den Herausgeber der 1924er Ausgabe der *Sechs Aufzeichnungen*, knapp dargestellt worden war, ist vorerst das letzte Wort in dieser Angelegenheit. Aber mehr ist auch nicht vonnöten, um restlos davon überzeugt zu sein, daß es sich bei der 1935er Ausgabe der *Sechs Aufzeichnungen* um eine absolut wertlose Fälschung handelt.

Über Shen Fus Leben ist nur wenig mehr als das bekannt, was er in den *Sechs Aufzeichnungen* selbst darüber geschrieben hat. In dem unter Leitung von Zang Lihe zusammengestellten *Großen chinesischen biographischen Wörterbuch (Zhongguo renming da cidian)*, das in 1. Auflage 1921 erschien, heißt es über Shen Fu lapidar: ›Qing-Zeit. Gebürtig aus Yuanhe, Beiname Sanbai; versiert als Blumen- und Pflanzenmaler.‹ (Der ehemalige Kreis Yuanhe ist identisch mit Suzhou.) Auch in der modernsten Chronik von Shen Fus Heimatort (Wuxian zhi, 1933, Buch 75 B, S. 19 a) steht nur ein Satz mehr, und dieser eine Satz enthält einen groben Fehler. Dort heißt es: ›Shen Fu, Beiname Sanbai, gebürtig aus Yuanhe; versiert als Blumen- und Pflanzenmaler. Als der *zhuangyuan* Zhao Wenkai auf kaiserlichen Befehl den Prinzen von Zhongshan belehnte, begleitete Shen Fu die Gesandtschaft nach Riukiu, und sein Ruhm nahm weiter zu.‹ Wie schlecht die Kompilatoren der Lokalchronik informiert waren, geht auch daraus hervor, daß sie sich nicht einmal darüber im klaren waren, daß Shen Sanbai, der Maler, mit Shen Sanbai, dem Verfasser der *Sechs Aufzeichnungen*, identisch war. In Buch 56 B der Lokalchronik ist knapp vermerkt: ›*Sechs Auf-*

zeichnungen über ein unstetes Leben, von Shen Sanbai.‹ Und darauf folgt der Satz: ›Sanbais persönlicher Name ist verloren.‹

Die falsche Darstellung in der Lokalchronik, Shen Fu sei mit der Gesandtschaft Zhao Wenkais in Riukiu gewesen, beruht auf einem Buch *Notizen aus der Studierstube, wo man das Feld des Tuschereibsteins pflügt (Gengyantianzhai biji)*, das leider nicht auffindbar war. Doch wichtig ist daran für unsere Betrachtung allein die Tatsache, daß schon vor dem Erscheinen der gefälschten Fassung der *Sechs Aufzeichnungen* jemand die irrige Meinung vertrat, Shen Fu habe die Gesandtschaft nach Riukiu begleitet, die im Jahre 1800 König Shang Wen (Shō On) zum chinesischen Prinzen erhob. Vielleicht ist der Fälscher Wang Junqing gerade durch die Lokalchronik auf diesen Gedanken gebracht worden. Immerhin lebte er in Suzhou und könnte die neuerschienene Chronik des Ortes gekannt haben.

Soviel aber steht zweifelsfrei fest, Shen Fu ist in Riukiu gewesen, und der Irrtum betrifft nur die Gesandtschaft, die er dorthin begleitet hat. Eine wichtige Quelle zur Klärung dieser Frage findet sich in den gesammelten literarischen Werken von Shen Fus Freund Shi Yunyu (Shi Zhuotang).

Schon in den Anmerkungen zu Shen Fus *Aufzeichnungen* ist auf eine Inschrift und ein Gedicht hingewiesen worden, die Shi Yunyu zu zwei Bildern verfaßt hat, die sich in Shen Fus Besitz befanden (siehe Anmerkung zu S. 40 und S. 82). Genauso hat sich auch ein Gedicht von Shi Yunyu zu einem Bild erhalten, das Shen Fu selbst gemalt hat. Der 3. Band von Shi Yunyus gesammelten literarischen Werken (Duxuelu sangao, Wanxianglou ji, 3, S. 5 a) enthält ein fünfsilbiges *shi*-Gedicht von acht Zeilen Länge mit dem Titel *Auf Shen Sanbais Bild ›In Riukiu das Meer betrachten‹*. Dieser Titel macht evident, daß Shen Fu in Riukiu gewesen ist. Überdies geht aus dem Inhalt des Gedichts hervor, daß er in Begleitung einer Gesandtschaft des chinesischen Kaisers dort war, die eine Belehnung vornahm. Dies deckt sich mit dem, was Guan Yi'e in seinen Versen über die Aufzeichnung V schrieb, was vielleicht ein

Argument ist, daran zu glauben, daß er die kompletten *Sechs Aufzeichnungen* gelesen hat.

Aber auch noch einen zeitlichen Hinweis erhalten wir durch Shi Yunyus Gedicht. Sein *Lob des alten Mannes unterm Mond* konnte Shi Yunyu schon in den 1. Band seiner gesammelten literarischen Werke aufnehmen, der 1795 erschien, woraus man schließen kann, daß Shi Yunyu in Suzhou mit Shen Fu zusammengetroffen ist, bevor er 1792 seinen Posten als Erziehungskommissar in der Provinz Hunan antrat, den er erst 1795 wieder verließ, und zwar nach dem Erscheinen des 1. Bandes seiner gesammelten literarischen Werke. Das Gedicht auf das Doppelporträt von Shen Fu und Chen Yun, das 1792/93 gemalt wurde, als die beiden im ›Haus der Stille und Frische‹ lebten, hat Shi Yunyu – wie er in der Überschrift selbst angibt – nach Chen Yuns Tod (1803) verfaßt, veröffentlicht wurde es im 2. Band seiner gesammelten literarischen Werke im Jahre 1805. Das heißt, dieses Bild muß Shi Yunyu gesehen haben, als er im August/September 1805 nach Suzhou kam (vgl. S. 136f.), nachdem ihm der Kaiser in Peking eine Audienz gewährt hatte, bzw. während der anschließenden Reise, auf der ihn ja Shen Fu, wie wir wissen, begleitet hat. Der 2. Band von Shi Yunyus gesammelten literarischen Werken erschien in Chongqing.

Hätte nun Shen Fu die kaiserliche Gesandtschaft des Jahres 1800 nach Riukiu begleitet, dann hätte er das Bild, das er malte, seinem Freund auch schon im Herbst 1805 zeigen können, und dieser hätte das Gedicht dazu ebenfalls in den 2. Band seiner Werke aufnehmen können. Tatsächlich ist es aber erst im 3. Band enthalten, der 1817 erschienen ist. Das legt den Schluß nahe, Shen Fu müsse in Riukiu gewesen sein nach der letzten in den erhaltenen Teilen der *Sechs Aufzeichnungen* erwähnten Zeitangabe (Herbst 1807) und vor dem Jahr 1817.

In der Tat hat in diesem Zeitraum eine Gesandtschaftsreise nach Riukiu stattgefunden. Als der im Jahre 1800 vom chinesischen Kaiser belehnte König Shang Wen (Shō On) im Jahre 1803 einer Epidemie zum Opfer fiel, der im Winter desselben Jahres auch sein dreijähriger Sohn Shang Cheng (Shō Sei) erlag, der ihm auf dem Thron gefolgt war, wurde Shang Wens jüngerer Bruder Shang Hao (Shō Kō) König von Riukiu. Er bat dann den chinesischen Kaiser um die Bestätigung in dieser Würde, und der Kaiser ernannte am 8. August 1807 seine Beamten Qi Kun zum ordentlichen und Fei Xizhang zum stellvertretenden Gesandten nach Riukiu (siehe *Wahre chronistische Aufzeichnungen der Qing-Dynastie – Daqing lichao shilu*, Epoche Renzong, Buch 183, S. 9 a).

Diese Gesandtschaft muß Shen Fu nach Riukiu begleitet haben. Wie es im einzelnen dazu kam, ist nicht bekannt, einige Anhaltspunkte jedoch liegen vor. Als Shen Fu im Herbst 1807 mit Shi Yunyu nach Peking kam, waren die Gesandten eben ernannt worden. Einer von ihnen, Qi Kun, der im Jahre 1801 die Palastprüfung bestanden hatte, war Kompilator in der Kaiserlichen Akademie (Hanlinyuan). Auf denselben Posten war, wie wir aus Shen Fus Aufzeichnung IV wissen, Shi Yunyu degradiert worden. Vielleicht war er sogar schon früher mit Qi Kun bekannt, denn dieser stammte aus dem Kreis Houguan, das heißt aus Fuzhou, der Hauptstadt der Provinz Fujian, und dort war Shi Yunyu im Jahre 1792 als Prüfungskommissar bei der Staatsprüfung auf Provinzebene eingesetzt gewesen. So oder so kann er Qi Kun im Herbst 1807 gebeten haben, Shen Fu in seine Dienste zu nehmen, während er selbst ›eines Fußleidens wegen‹ den Kaiser um seinen Abschied aus dem Staatsdienst bat, der ihm im Winter gewährt wurde, wodurch er keinen Sekretär mehr brauchte.

Einen anderen möglichen Anknüpfungspunkt stellt die lokale Herkunft des stellvertretenden Gesandten nach Riukiu, Fei Xizhang, dar. Er kam aus dem Kreis Gui'an, das heißt aus Wuxing in der Provinz Zhejiang, von Suzhou aus gesehen, also vom anderen Ufer des Taihu-Sees, wo man genauso wie in der Heimat von Shen Fu und Shi Yunyu den Wu-Dialekt spricht, während Qi Kun von Hause aus den Min-Dialekt gesprochen haben muß. Aus der Episode mit der Nebenfrau für Shen Fus Vater wissen wir, wie wichtig die Übereinstimmung des Dialekts im Verhältnis zweier Menschen war. Und das galt auf dienstlicher Ebene genauso wie im Privatleben.

Die Gelegenheit, nach Riukiu zu fahren, muß Shen Fu, der uns aus Aufzeichnung IV als reise- und unternehmungslustig bekannt ist, sicher willkommen gewesen sein. Ob er wohl, als er die Reise antrat, daran gedacht hat, daß sein Leben nun doch eine Parallele zu Li Yus Theaterstück *Die Liebe zur duftigen Gefährtin* aufwies? Denn zu den dortigen Verwicklungen gehört es, daß der Held des Stückes erst eine Gesandtschaftsreise nach Riukiu unternehmen muß, ehe er die junge Freundin seiner Frau zu seiner zweiten Gattin machen kann.

Nachdem wir wissen, mit welcher kaiserlichen Gesandtschaft Shen Fu in Riukiu gewesen ist, können wir uns auch über den zeitlichen Ablauf dieser Reise informieren, denn es liegt eine zuverlässige Quelle darüber vor, die nur Fang Zhaoying nicht bekannt war, als er Shen Fus Biographie für die große Sammlung *Eminent Chinese of the Ch'ing Period* (Bd. II, Washington 1944, S. 641 f.) schrieb. Darum heißt es dort: ›1807 wurde eine von Qi Kun geleitete Gesandtschaft auf die Riukiu-Inseln geschickt, um einem neuen Herrscher dieser Inseln kaiserliche Anerkennung zu gewähren. Shen schloß sich dieser Gesandtschaft als Sekretär an und kehrte vermutlich 1809 nach China zurück. Solche Missionen dauerten gewöhnlich zwei Jahre, was vor allem an den langen Wartezeiten auf günstigen Wind in Fujian lag.‹

Wie ihre Vorgänger haben auch Qi Kun und Fei Xizhang einen Bericht über ihre Gesandtschaftsreise veröffentlicht. Er trägt den Titel *Fortsetzung des Abrisses über das Riukiu-Land (Xu Liuqiuguo zhilüe)*, was auf den 1757 von Zhou Huang verfaßten *Abriß über das Riukiu-Land (Liuqiuguo zhilüe)* anspielt, den Bericht über die Gesandtschaftsreise von 1756/57, die der Belehnung von Shang Mu (Shō Boku) diente, dem Großvater von Shang Wen und Shang Hao. Ein für unsere Zwecke wesentlicher Mangel des Berichts von Qi Kun und Fei Xizhang besteht darin, daß zwar die Teilnahme von Sekretären an der Gesandtschaft erwähnt wird, daß aber – im Unterschied zu dem Bericht über die vorige Gesandtschaftsreise nach Riukiu – ihre Namen nicht genannt werden. Dadurch fehlt ein unwiderlegbarer Beweis für Shen Fus Anwesenheit auf der Reise, und wir können uns nur an die oben dargelegten Indizien halten.

Aus dem Gesandtschaftsbericht *Fortsetzung des Abrisses über das Riukiu-Land* geht zunächst hervor, daß sehr gut bekannt war, daß man nur mit dem sommerlichen Südwestmonsun von Fujian nach Riukiu segeln konnte, weshalb sich die Gesandten nach ihrer Ernennung mit der Abreise nach Fujian nicht zu beeilen brauchten. Shen Fu nutzte offenbar die Zwischenzeit, um die ersten vier (oder nur die vierte?) seiner *Sechs Aufzeichnungen* abzufassen. Denn wenn er (S. 150) schreibt: ›Inzwischen bin ich schon sechsundvierzig Jahre alt, …‹, bezieht sich das auf das Jahr 1808.

Über den Verlauf der Reise ist dem Bericht das Folgende zu entnehmen: Am Morgen des 4. Juli 1808 fuhren die Gesandten auf zwei Dschunken mit über 400 Mann Begleitung (Seeleute, Soldaten, Handwerker, Ärzte, Sekretäre, Bedienstete) bei der Insel Wuhumen (Wuhushan) in der Mündung des Minjiang ab. Schon sechs Tage später kamen sie in Naba (Naha), der Hauptstadt von Riukiu, an. Nachdem die feierliche Belehnung des Königs von Riukiu als chinesischer Prinz am 20. September erfolgt war, beeilten sich die Gesandten aus Sparsamkeit, möglichst bald die Heimreise anzutreten. Am 19. November verließen sie Naba, drei Tage später gingen sie auf Grund starker Winde bei einer Nachbarinsel vor Anker und warteten vier Tage, bevor sie weitersegelten. Am 29. November gerieten sie dann doch in einen Sturm, die Wellen schlugen über die Bordwände, und die beiden Mannschaften verloren den Sichtkontakt. Zur Nacht hatte sich das Wetter so weit beruhigt, daß die Dschunken dem Steuer wieder gehorchten. Am Abend des 1. Dezember trafen sie vor der Festlandsküste wieder zusammen, gingen für die Nacht noch einmal vor Anker und langten am nächsten Morgen mit der Flut am Ausgangspunkt Wuhumen an.

Über dieses Datum hinaus läßt sich Shen Fus Lebenslauf nicht exakt verfolgen. Aus dem Umstand, daß Shi Yunyu

Shen Fus Bild *In Riukiu das Meer betrachten* gesehen haben muß, um sein 1817 veröffentlichtes Gedicht darüber zu schreiben, ergibt sich, daß die beiden Freunde einander zwischen 1808 und 1817 nochmals begegnet sind, am ehesten wohl im gemeinsamen Heimatort Suzhou. Aber dorthin kehrte Shi Yunyu nach dem Abschied aus dem Staatsdienst erst 1812 einmal besuchsweise und nicht früher als 1816 für den Rest seines Lebens zurück. (Er starb 1837.) Somit haben wir ausreichenden Grund für die Annahme, daß Shen Fu nach der Rückkehr aus Riukiu noch einige Zeit gelebt hat, höchstwahrscheinlich in Suzhou. Während dieser Zeit müßte er natürlich auch die letzten beiden seiner *Sechs Aufzeichnungen* geschrieben haben.

Ebenso gewönne dadurch die Aussage aus der Lokalchronik, Shen Fus Ruhm als Maler sei noch gewachsen, die notwendige Grundlage. Der Wert, den Shen Fus Bilder in der späten Qing-Zeit, als Mittel- und Südchina die durch den Taiping-Aufstand und seine blutige Niederschlagung verursachten Wirren durchgemacht hatten, in den Augen chinesischer Kunstsammler besaßen, läßt sich mit einem konkreten Beispiel belegen. Deng Zhicheng (Deng Wenru) aus Jiangning (dem heutigen Nanjing) schreibt in seinem erstmals 1926 veröffentlichten Werk *Fragmentarische Aufzeichnungen über Antiquitäten (Gudong suoji)*, Buch 2, unter der Überschrift ›Shen Sanbai‹ nach einem kurzen Resümee der *Sechs Aufzeichnungen*: ›Von seinen Bildern sind nicht viele auf die Gegenwart überkommen, weshalb sie kaum jemand kennt. Ich erwarb auf dem Kleinen Westmarkt eines für zwei Fladen Gold ...‹ Vorausgesetzt, daß diese ›Goldfladen‹ genausoschwer waren wie die ›Silberfladen‹ *(yinbing)*, die damals in Ermangelung ausländischer Silbertaler in China gelegentlich gegossen wurden, müßte der Preis des Bildes zirka 54 Gramm Gold betragen haben.

Trotz der von Deng Zhicheng bezeugten Seltenheit von Shen Fus Bildern hat wenigstens eines davon noch um 1945 existiert. Der obenerwähnte Journalist Zheng Yimei fügte seinen Erinnerungen über die Fälschung von Shen Fus *Sechs*

Aufzeichnungen die Ergänzung hinzu: ›Shen Sanbai war ein guter Kalligraph, und auch auf die Landschaftsmalerei verstand er sich. Nach dem Sieg im Antijapanischen Krieg habe ich auf einer Ausstellung in der Sal-Galerie des Malers Wu Silan (dem jüngeren Bruder von Wu Zishen) eine Parallelinschrift und ein Bild gesehen, die von Shen Sanbais eigener Hand stammten, und das halte ich für den einzigen Augenschmaus meines Lebens.‹

Auch Yu Pingbo, der Herausgeber der 1924er Ausgabe der *Sechs Aufzeichnungen*, erinnerte sich im Jahre 1980, daß man ihm ›vor langen Jahren‹ ein von Shen Fu gemaltes Landschaftsbild gezeigt und ihn gebeten hatte, eine Inschrift daraufzuschreiben. Und wenn sich der Achtzigjährige auch lediglich des damals erdachten Vierzeilers entsinnen konnte, nicht aber aller anderen Umstände, und auch nicht wußte, wo das Bild abgeblieben war, so ist doch die Möglichkeit, daß einzelne Stücke von Shen Fus künstlerischem Werk eines Tages wieder aufgefunden werden, nicht auszuschließen. Und auch was Lin Yutang, der bekannte Publizist, der Shen Fus *Sechs Aufzeichnungen* 1935 erstmals in eine fremde Sprache übersetzte, im Vorwort dazu schrieb, scheint noch ein wenig Berechtigung zu haben: ›Ich hege die eitle Hoffnung, daß noch ein vollständiges Exemplar des Buches irgendwo in privaten Sammlungen oder Antiquariaten in Suzhou liegt, und wenn wir Glück haben, ist es nicht völlig unmöglich, daß wir noch darauf stoßen.‹ Bis dahin aber müssen wir mit dem bisher bekannten Fragment vorliebnehmen.

Im heutigen China sind Shen Fus *Sechs Aufzeichnungen* allem Anschein nach der älteren Generation von Intellektuellen, die sie noch aus den zwanziger und dreißiger Jahren kennt, weit besser bekannt als der jüngeren. Zwar sind neue Ausgaben erschienen, aber sie sind weder zahlreich noch auflagenstark. Zwei kurze Sätze aus der ›Erklärung der Herausgeber‹ in der Ausgabe des Pekinger Volksverlages für Literatur von 1980 machen deutlich, woran das liegt. Dort heißt es: ›Durch die Beschränktheit des Zeitalters sind in dem Buch auch einige ungesunde Neigungen vorhanden … Es soll den

Mitarbeitern in der Forschung als Referenzmaterial dienen.‹ Das heißt, Shen Fus harmlose Schilderung seines Umgangs mit der trinkfesten Schifferstochter und mit Xi'er könnte noch heute die Moral der Leser gefährden?

Aber auch ein deutlicher Beweis für die Vorbildwirkung von Shen Fus *Sechs Aufzeichnungen* für die moderne Literatur läßt sich anführen. 1981 erschien in Peking ein kleines Bändchen mit dem Titel *Sechs Aufzeichnungen über die Kaderschule (Ganxiao liu ji)*. Die Verfasserin ist Yang Jiang (geb. 1911), unter anderem bekannt als Übersetzerin des ›Don Quijote‹ und des ›Gil Blas‹ ins Chinesische. Nicht nur der Titel ihres Buches, auch die einzelnen Kapitelüberschriften sind deutlich nach dem Muster der *Sechs Aufzeichnungen über ein unstetes Leben* gebildet, und genauso schlicht und ungekünstelt wie Shen Fu erzählt Yang Jiang in einzelnen charakteristischen Episoden ihre Erlebnisse während der ›Kulturrevolution‹.

Den Lesern, die des Chinesischen nicht mächtig sind, wurden Shen Fus *Sechs Aufzeichnungen* erstmals vor gut fünfzig Jahren durch eine englische Übersetzung zugänglich gemacht (Shen Fu: *Six Chapters of a Floating Life*, T'ien Hsia Monthly, Shanghai, Jg. I/1935, Aug. bis Nov., Übersetzer: Lin Yutang; spätere Nachdrucke in Hongkong und Taiwan). Als nächstes erschien 1944 in Prag eine tschechische Ausgabe (Šen Fu: *Šest historii prchavého života*, Übersetzer: Jaroslav Průšek; Nachdruck 1956), dann folgte 1955 eine Übertragung ins Italienische (Shên Fu: *Sei racconti di vita irreale*, Turin: Gherardo Casini, Übersetzer: Lionello Lanciotti und Tsui Tao-lu) und 1960 eine neue englische Variante (*Chapters from a Floating Life, the autobiography of a Chinese artist*, London: Oxford University Press, Übersetzerin: Shirley M. Black). 1966 und 1968 erschienen zwei französische Übersetzungen (Chen Fou: *Six récits au fil inconstant des jours*, Brüssel: F. Larcier, Übersetzer: Pierre Ryckmans; Chen Fou: *Récits d'une vie fugitive, mémoires d'un lettré pauvre*, Paris: Gallimard, Übersetzer: Jacques Reclus; Nachdruck 1986), und 1979 wurde eine russische Fassung veröffentlicht (Шэнь фу: *Шесть записок о быстротечной жизни,* Москва: Наука, Übersetzerin: К. И. Голыгина). Jetzt ist zu hoffen, daß das Buch auch durch die deutsche Übersetzung neue Freunde findet.

Rainer Schwarz

Angaben zu den Illustratoren, zum Vorwortautor und zum Übersetzer

Teng Shaoquan: geboren 1923 im Kreis Yexian, Provinz Shandong. Erhielt seit Beginn der fünfziger Jahre eine Ausbildung bei dem berühmten Personenmaler in ›schweren Farben‹ Wu Guangyu und konzentrierte sich auf das Studium der traditionellen ›Schwere-Farben‹-Technik. Hat seitdem zahlreiche Bilder mit Personen in traditioneller Malweise geschaffen, die in den entsprechenden Kreisen Anerkennung und Bewunderung fanden. In den letzten Jahren hat er einen eigenen Stil ausgebildet.

Arbeitet jetzt als Ökonom in der Pekinger Filiale der Chinesischen Industrie- und Handelsbank, ist Mitglied der Pekinger Sektion des Chinesischen Künstlerverbandes und Mitglied der Pekinger Gesellschaft für das Studium der traditionellen Malerei.

Zhang Zhaoji: geboren 1939 in Yantai, Provinz Shandong. Lernte schon in seiner Jugendzeit bei solchen bekannten Künstlern wie Li Kuchan, Wu Jingding, Qin Zhongwen, Ma Jin, Wang Xuetao u.a. Widmet sich seit mehreren Jahren speziell den Themen Landschaft sowie Blumen und Vögel in sorgfältiger Malweise mit ›schweren Farben‹, aber auch der Theorie der Kunst. Er konnte bereits einige Erfolge erzielen und scheut keine Mühe, um Bilder in traditioneller Malweise zu schaffen. Einige seiner Werke befinden sich in staatlichen und privaten Sammlungen in Europa, Asien und Amerika.

Arbeitet zur Zeit als Redakteur für Bildende Kunst in der Chinesischen Kunstforschungsakademie, ist Mitglied der Pekinger Sektion des Chinesischen Künstlerverbandes, Mitglied der Pekinger Gesellschaft für das Studium der traditionellen Malerei und Vorstandsmitglied der Pekinger Zhongshan-Vereinigung für Kalligraphie und Malerei.

Yu Pingbo: Der im Nachwort mehrfach erwähnte Literaturwissenschaftler kalligraphierte eigens für diese Ausgabe den Titel *Sechs Aufzeichnungen über ein unstetes Leben* auf chinesisch. Die Inschrift seines Siegels lautet: ›Von Pingbo jenseits der Achtzig geschrieben‹.

Feng Qiyong: Literaturwissenschaftler, Jahrgang 1924, gebürtig aus dem Marktflecken Qianzhou bei Wuxi, Provinz Jiangsu. Lebt heute in Peking, wo er u.a. als Vizepräsident der Chinesischen Kunstforschungsakademie, Professor an der Universität des Chinesischen Volkes und Chefredakteur der Zeitschrift *Hongloumeng xuekan (Studien zum Traum der roten Kammer)* tätig ist. War als langjähriger Direktor des Instituts zur Erforschung des *Traums der roten Kammer* maßgeblich an der Erarbeitung der erstmals 1982 veröffentlichten neuen textkritischen Ausgabe beteiligt. Verfaßte mehrere Bücher über den *Traum der roten Kammer* und seinen Autor, eine Aufsatzsammlung über das klassische chinesische Theater sowie andere Schriften. Gab die Werke des Dichters Jiang Lutan (1818–1868) neu heraus. Wird daneben als Kalligraph und Maler geschätzt, kalligraphierte auch die chinesischen Titelinschriften für die Illustrationen dieses Bandes.

Rainer Schwarz: geboren 1940 in Berlin, begann schon als Oberschüler bei Alfons Mainka (1901–1983) Chinesisch zu lernen. Seine Hochschulausbildung als Sinologe erhielt er von 1958 bis 1963 im Ostasiatischen Institut der Berliner Humboldt-Universität. Unter seinen dortigen Lehrern ist besonders Zhao Guozhang von der Pädagogischen Hochschule Nanjing zu erwähnen, der später zu den Autoren der neuen Ausgabe der Enzyklopädie *Meer der Wörter* (Cihai) gehörte und die gesammelten Anmerkungen Wang Bohangs zum *Traum der roten Kammer* herausgab. Nach dem Staatsexamen promovierte er am Institut für Orientforschung der Deutschen Akademie der Wissenschaften zum Doktor der Philosophie (1970). Danach nahm er die Gelegenheit wahr, das lebendige China kennenzulernen, indem er in Peking über vier Jahre als Dolmetscher tätig war. Als Übersetzer chinesischer Märchen *(Die Gingkofee)* trat er 1978 hervor. Daran schloß sich ein repräsentativer, wissenschaftlich bearbeiteter Märchenband *Chinesische Märchen. Märchen der Han* (Leipzig 1981) an. Außerdem übertrug er Moskauer Freunden zuliebe Michail Prischwins literarisches Erstlingswerk aus dem Russischen, erschienen unter dem Titel *Im Land der ungestörten Vögel* (1985).

Titelinschriften der Illustrationen

Inhalt

ISBN 3-379-00388-3

1. Auflage
Gesetzt aus Bodoni
Gesamtgestaltung: Hans-Joachim Petzak
Printed in the German Democratic Republic
Lizenz Nr. 363. 340/162/89
LSV 7283 – Vbg. 10,7
Lichtsatz:
INTERDRUCK Graphischer Großbetrieb Leipzig
Reproduktion und Offsetdruck:
Graphischer Betrieb Jütte, Leipzig
Bindearbeiten: VOB Buchbinderei Südwest, Leipzig
Bestellnummer: 664 206 8
01500